U0739688

和谐校园文化建设读本

如何让中学生热爱学习

李立娟/编著

吉林教育出版社

图书在版编目(CIP)数据

如何让中学生热爱学习 / 李立娟编著. — 长春：
吉林教育出版社，2012.6

（和谐校园文化建设读本）

ISBN 978-7-5383-8995-1

Ⅰ. ①如… Ⅱ. ①李… Ⅲ. ①中学生－学习方法－能
力培养 Ⅳ. ①G632.46

中国版本图书馆 CIP 数据核字(2012)第 116106 号

如何让中学生热爱学习   李立娟   编著

策划编辑	刘 军 潘宏竹		
责任编辑	刘桂琴	**装帧设计**	王洪义
出版	吉林教育出版社(长春市同志街 1991 号	**邮编**	130021)
发行	吉林教育出版社(www.jleph.com)		
印刷	北京海德伟业印务有限公司		
开本	710 毫米×1000 毫米 1/16 13 印张	**字数**	165 千字
版次	2012 年 6 月第 1 版 2012 年 6 月第 1 次印刷		
书号	ISBN 978-7-5383-8995-1		
定价	25.80 元		

吉教图书   版权所有   盗版必究

编　委　会

主　　编：王世斌

执行主编：王保华

编委会成员：尹英俊　尹曾花　付晓霞

　　　　　　刘　军　刘桂琴　刘　静

　　　　　　张　瑜　庞　博　姜　磊

　　　　　　潘宏竹

　　　　　　（按姓氏笔画排序）

总 序

千秋基业，教育为本；源浚流畅，本固枝荣。

什么是校园文化？所谓"文化"是人类所创造的精神财富的总和，如文学、艺术、教育、科学等。而"校园文化"是人类所创造的一切精神财富在校园中的集中体现。"和谐校园文化建设"，贵在和谐，重在建设。

建设和谐的校园文化，就是要改变僵化死板的教学模式，要引导学生走出教室，走进自然，了解社会，感悟人生，逐步读懂人生、自然、社会这三部天书。

深化教育改革，加快教育发展，构建和谐校园文化，"路漫漫其修远兮"，奋斗正未有穷期。和谐校园文化建设的研究课题重大，意义重要，内涵丰富，是教育工作的一个永恒主题。和谐校园文化建设的实施方向正确，重点突出，是教育思想的根本转变和教育运行机制的全面更新。

我们出版的这套《和谐校园文化建设读本》，全书既有理论上的阐释，又有实践中的总结；既有学科领域的有益探索，又有教学管理方面的经验提炼；既有声情并茂的童年感悟，又有惟妙惟肖的机智幽默；既有古代哲人的至理名言，又有现代大师的谆谆教诲；既有自然科学各个领域的有趣知识，又有社会科学各个方面的启迪与感悟。笔触所及，涵盖了家庭教育、学校教育和社会教育的各个侧面以及教育教学工作的各个环节，全书立意深邃，观念新异，内容翔实，切合实际。

我们深信：广大中小学师生经过不平凡的奋斗历程，必将沐浴着时代的春风，吸吮着改革的甘露，认真地总结过去，正确地审视现在，科学地规划未来，以崭新的姿态向和谐校园文化建设的更高目标迈进。

让和谐校园文化之花灿然怒放！

本书编委会

❀❀ 目 录 ❀❀

第一章 学习的魅力

百川东到海，何时复西归？少壮不努力，老大徒伤悲。

——汉乐府《长歌行》

著名作家王蒙对学习有过精妙独到的论述："一个人的实力绝大部分来自学习。本领需要学习，机智与灵活反应也需要学习。"学习是人生的一大幸事和追求，中学生正处于学习的黄金阶段，学无涯，思无涯，其乐亦无涯。

第一节　什么是学习

学习是指学习者因经验而引起的行为、努力和心理倾向的比较持久的变化。这些变化不是因成熟、疾病或药物引起的，而且也不一定表现出外显的行为。毛泽东在《中国革命战争的战略问题》第一章第四节中说："读书是学习。使用也是学习，而且是更重要的学习。"教育心理学名词解释中的学习是指学习者因实践经验而引起的行为、能力和心理倾向的比较持久的变化。

一、从"学而时习之"说起

什么是学习呢？其实，孔子在几千年前就给出了标准答案。他说："学而时习之，不亦说乎？"这句话道出了学习的本质。

如何解释这句话呢？学习古文开篇《〈论语〉六则》的第一句话就是："有朋自远方来，不亦乐乎？学而时习之，不亦说乎？"在中学教学活动中，语文老师通常解释"学而时习之，不亦说乎"为"学习的时候常常地温习（复习），是一件非常快乐的事情"。"学而时习之，不亦说乎"，指的是发自内心的一种愉悦，学过的知识，按时去温习，不也是很愉快的吗？"学而时习之，不亦说乎"为《论语》开篇首章首句，"学"的含义是学习与教学，是孔子毕生奉行的事业，其自身好学不厌，同时又诲人不倦，《论语》开篇论"学"，抓住了孔子学说的关键与纲要。通常对这句话的理解，南怀瑾在《论语别裁》中说："学问是要大家随时练习它，不也高兴吗？"杨伯峻在《论语译注》中说："学了，然后按一定的时间去实习它，不也高兴吗？"两者中都可以明显地看出，这句话的核心是在"习"上，"习"不是温习和预习的意思。"温故而知新，可以为师矣"，"温"才是温习和复习的意思。这里的"习"是"实践"——学了知识之后去尝试去实践，那是一件非常快乐的事情。

由此可见，对于中学生来说，"学"和"习"都有着至关重要的意义。

二、广义的学习

广义的学习是指人和动物在活动中获得个体经验，并由此而引起行为较持久的变化的过程。

从这个广义的学习定义中，我们可以看到，不仅人类有学习，动物也有学习。人和动物都生活在千变万化的环境中，要能适应这样的环境并有效地保护自己，学习是必要而有效的手段。就连很低等的环节动物蚯蚓，也能够学习。如有人做过这样的实验：在"T字形迷宫实验示意图"（如下页图）的T字形迷宫中，把蚯蚓放在通向T字形迷宫左右的通道上，T字形迷宫的左方设置为潮湿、温度适合蚯蚓生活的环境，右方设置为一个电击的环境。开始蚯蚓向左向右转的几率是一样的。但是当蚯蚓向右转就会受到一个电击，这样，就会发现蚯蚓向右转的几率逐渐下降，而向左转的几率逐渐增加。也就是说，它逐渐学会了躲避电击。

我们还经常看到马戏团的小狗会做算术、跳火圈等等。这些都是动物的学习行为。

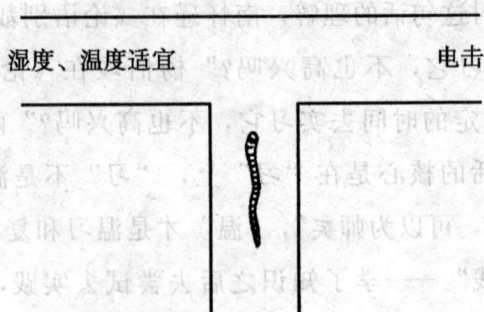

湿度、温度适宜　　　　　　　　　电击

T字形迷宫实验示意图

无论是动物还是人的学习，都是发生在头脑中的内隐活动，人们至今还不能直接观察到在学习过程中发生在内部的复杂加工过程，所能看到的只是个体行为上的变化。所以，我们只能从个体行为的变化作为判断、检验和衡量学习的唯一标志。这也就是这个定义所描述的由于个体经验引起行为较持久的变化过程的原因所在。但是，并不是任何行为的变化都可归于学习。比如由于生理的成熟、疲劳以及使用一些药物引起的行为变化就不能称之为学习。因为这不是由经验引起的，而且一旦疲劳消除，药效消失，行为又会复旧。另外，经验有两种，种族经验和个体经验。广义学习定义中的经验指的是个体经验，它是通过学习为个体所获得；而种族经验如猫头鹰善于夜间捕捉田鼠和一些小动物，这种种族经验是通过遗传的方式为个体所有，不是通过个体学习获得的。

三、狭义的学习

狭义的学习是指人的学习。人的学习是在社会生活实践中，在交往的过程中，以语言为中介，自觉地、积极主动地掌握人类社会历史经验和积累个体经验的过程。

人的学习与动物的学习比较起来，有以下突出的特点：

1. 人的学习是掌握社会历史经验和积累个人经验的过程

人除了和动物一样可以通过直接同周围事物打交道的方式获得个体经验外，还可以通过个体掌握的方式去继承人类社会历史经验，并将其变为自己的精神财富。这就使得人的学习内容无限扩大、无限丰富了。人类有几千年的文明史，积累了大量的知识经验。对人类社会历史经验的掌握在人的一生学习中占有重要地位。因为个人取之于社会历史的经验较之他自己在实践中获得的直接经验，要多得无法估量。而且人的一生是很短暂的，也不可能把人类社会历史经验都通过直接经验而获得。当然，人并不满足于掌握已有的社会历史经验，他还要在此基础上，在自己的实践活动中，运用自己的智力，发现新事物，揭示新规律。这样，才可能有我们人类社会的今天，也才可能有我们人类社会的明天。

2. 人的学习以语言为中介

人的学习与动物学习相区别的重要一点是人类有语言，学习可以以人特有的语言为中介。语言是各种事物及其关系的概括化和抽象化的符号系统。语言代表一定的事物、关系、思想，又能以一定的声音和视觉形象的形式客观存在着从而被人所感知。语言的这种特有的功能使得它能够将人类认识活动的成果，作为精神现象的知识经验物质化，使其变为可以传授和接受的对象，从而开辟了人类个体掌握社历史经验的广阔的可能性。借助于语言这一工具，个人可以把前人创造的社会历史经验转化为自己的精神财富，同时又能把自己在社会实践中获得的新知识、新经验记录下来并加以概括，传给别人，留给后代，丰富人类的知识宝库。以语言为中介的学习可以给我们带来许多优越性：第一，大大拓宽了学习内容的范围，提高了学习的效率；第二，大大提高了学习的概括水平；第三，内部言语的参加使得人能以自觉的态度对待自己的学习，提高了学习的自觉性。

3．人的学习是自觉的、有目的、有计划、积极主动的学习

人的学习是在意识的指导下进行的，因而具有自觉性、目的性和计划性。人能自觉地掌握知识经验，改善认知结构，提高智力水平，加强道德修养。人能清楚地意识到自己为什么学习，应该学习什么，应该怎样学习。人还能反省自己的学习过程，改进学习方法，克服学习中的困难，提高学习效率。人的学习的计划性表现在：遵循循序渐进的规律，由简到繁，由浅入深，由表及里，系统地掌握有关知识经验。与学习的自觉性相联系的是人的学习的积极主动性。人的学习不在于消极地适应周围环境，而在于能动地改造世界。人在学习中不是被动地接受外来刺激，被动地承受与储存社会历史经验，而是在积极地改造周围世界，积极地在同他人交往的过程中主动地接受知识，改造知识，组织知识，探索新知识、新经验。

四、自然界的学习

《中国大百科全书（简明）》认为，学习是获取知识和掌握技能的过程。既包括通过正规的教育和训练获得知识技能，也包括在日常生活和实践活动中积累知识经验。学习的这种含义在日常用语和科学术语中都是一样的。但是，倾向于行为主义理论的心理学家认为这一定

义过分宽泛，不能确切地界定学习一词的含义，而且，这样的理解可以用来说明人类的学习行为，却不适于解释所有动物特别是某些低等动物的简单学习行为。因此，他们给学习下的定义是"因受到强化的练习而出现的潜在反应能力的较为持久的改变"。这个定义包括四个对于了解学习过程至关重要的要点：

第一，"较为持久的改变"。这就排除了因疲劳、餍足或习惯化而造成的动机和反应能力下降等临时性的行为变化，这类变化都不属于学习。

第二，"潜在反应能力"。这说明通过学习不仅发生外部行为的明显改变，也出现难以直接观察到的内在的变化。比如因接触某些对象和情境而使学习效能明显提高的潜伏学习和无意学习就都属于学习的范围。

第三，"受到强化"。这是行为主义心理学家最重视的关键部分，因为没有强化（没有无条件刺激伴随或对作出的反应不给予奖赏）就不会有"潜在反应能力的较为持久的改变"，而且会使已经获得的反应能力出现消退。

第四，"练习"。要学习的行为必须实际出现并经过反复才会发生学习。当然，通过观察和模仿而实现的学习也可以只有内在的变化而没有明显的外部行为表现。此外，强调学习要经过练习还可以把某些物种的先天倾向（如鸭类的印刻现象）和由机体成熟而引起的变化（如鸟的飞翔）排除于学习之外。

第二节 学习的主客体以及关系

一、学习的主体

所谓学习的主体就是有意识、有学习实践能力的人。学习者只有在一定意识支配下，参与学习实践活动，才能成为学习的主体。对于我们青少年学生来说，每一个人都是学习的主体，因为我们是在一定学习目标支配下，有意识、有目的、有计划地进行学习，并在学习过程中，能动地掌握知识、技能，不断地提高自己的知识水平和各种能力，以实现自身的全面发展。

"学生是学习的主人，教师是学习的组织者、引导者与合作者"是《新课程标准》中基本理念之一。学生是发展的主体，教师是促进学生发展的媒体。在这最根本的要害问题上，教学系统的主体是唯一的，那就是学生。其实，教育必须以学生为主体，这是亘古不变的客观规律。学生是有个性的认识主体、实践主体和自我发展主体，学校教育不应一味地要求学生循规蹈矩，而应给学

生提供充足的自由发展的空间。在课堂教学中，教师要本着"教"为"学"服务的观点，充分发挥学生自身积极性和主体作用，由主动去"学"，主动去"习"发展到爱上"学习"。把"问"的权利交给学生，把"读"的时间还给学生，把"讲"的机会让给学生，把"做"的过程放给学生，强调多给予学生自主地创造性地学习的空间和时间。

二、学习的客体

所谓学习的客体是指进入学习主体的学习、实践和认识范围的对象。仅有学习主体，并不能构成学习活动，还必须有学习的客体，即学习对象参与，并相互作用，才能形成学习活动。由于社会的发展，科学的进步，人们的实践和认识的领域在不断地扩大，因此，学习的范围也越来越广阔。从整体看，物质世界都可能成为学习客体，但现实的学习客体受人们的实践和认识水平的制约，只是客观世界中成为人们的实践和认识对象的那部分才真正成为学习客体。例如，原始社会自然界中被人们认识和实践的那部分极其有限，作为学习客体的也只不过是简单的石器制作、狩猎、捕鱼、原始农业生产经验等。电子从来就是独立存在的，只是19世纪末现代物理学发展了微观世界的丰富性，电子才成为人们学习的客体。计算机成为学习客体也只是近几十年随着电子计算机的诞生和发展才成为现实。

学习的客体还包括人们在认识世界和改造世界的实践活动中形成的对客观世界规律性的认识、经验的概括和总结。社会知识作为人们实践和认识的对象，也是学习的客体。

青少年学生的学习是一种特殊形式的学习，它是在教师的指导下以课堂学习为主要形式，有目的、有计划、有组织地以掌握间接经验和知识为主的学习过程。因此，青少年学生的学习客体，是以教材为主。教材是人们在长期的社会生活、实践过程中所积累的精神财富的概括和总结，并根据知识结构体系、逻辑顺序和学生的认知规律分门别类进行编排。包括科学文化知识、技能和社会行为规范。当然，说青少年的学习以教材为主并不是说可以忽视教材以外的有关知识，特别是同我们的学习和全面发展相关的知识，包括生活实践、劳动实践、社会实践活动等等。

三、学习主客体的关系

学习主体与客体的关系可以概括为如下三点：

首先，学习是学习主、客体之间的相互作用。这种作用是通过学习实践活动来实现的，没有学习实践，就不能建立起主客体的联系，就不能产生主体对客体的认识关系。无论是多聪明的人，如果不努力去学习，不接触学习客体即学习的对象就不会有什么成就。大家还记得北宋王安石在《伤仲永》中曾记载过这样一件事：金溪这个地方曾出现过一个聪明过人的孩子，名叫方仲永，他五岁时便能"指物作诗立就"，因此，在当时的方圆几十里传为奇闻。许多有钱人家常常宴请或送钱邀请方仲永父亲带子去卖弄。其父因贪图小利，不使方仲永进一步求学，没过多长时间，就名不副实了。又过了几年，这个聪明过人、智力"超常"的儿童便与一般儿童没有两样了。

其次，主体的学习受客体的制约。主体的学习是对客体的认识过程。它不仅取决于学习者的主观愿望，还受客观条件的限制。学习客体与一定的历史阶段相互联系，学习者不可能超越这个阶段。正如让古人学习电子计算机、掌握航天技术是不现实的一样。同时，主体也不能超越自身的认识能力和人的理解水平去学习。如让还没掌握初等数学知识的幼儿去学习高等数学的微积分也是不可能的一样。

主体的学习是一个能动的过程。主体的各种需要，引起对客体的占有要求，激发主体去学习、去认识、去探索。通过学习实践，一方面，把客体变成自己需要的形式以便占有，从而获得新知识；另一方面，主体的认识能力也相应地得到提高，从而建立新的主客体关系。学习就是一个对客体的无限追求和逐步占有过程，不断扩展学习认识的范围和领域，变"自在之物"为"为我之物"。

四、"学"而不"习"有原因

目前，中学生普遍不爱学习的一个根本原因是"只学不习"，许多孩子每天在学校学知识，不知道学这么多知识到底要干什么，从而产生消极思想，觉得学习负担如此繁重却没有用武之地，导致学习兴趣严重缺乏。

姜昆有个相声，大致意思是，老师教应用题，说一个进水管多长时间能把水池灌满，一个出水管多长时间能把水池放干，问两个水管同时开，多长时间水池能满？这是我们上学时常常遇到的一个类型的

应用题，"姜昆"同学不想着解题，只想着"国家这么缺水，这样做不是浪费水吗"。他总这么想，哪还有心思学习呢？如果"姜昆"的爸爸带他到污水处理厂参观参观，让"姜昆"知道这样做是非常有意义的，那我想"姜昆"一定会好好学习。"姜昆"的爸爸在"习"上做文章，"姜昆"就会在"学"上做文章。

一位成功人士曾回忆读书时代有这样一则故事：

我上小学时，刚开始遇到火车的"相遇"和"追及"问题的应用题时，就有过这样的经历，我总是在想，"相遇"了不就"相撞"了吗？"追及"了不就"追尾"了吗？这是孩子们的思维，我问我的父亲，我的父亲是铁路职工，他带我去火车站看，带我去找管调度的叔叔给我讲，我才知道，这样做是为了"不相撞"！如果计算不好的话，火车就会相撞，造成重大交通事故。我下定决心要好好学习这个类型的知识，因为我怕"火车因为我而相撞"。爸爸在"习"上做文章，我就在"学"上做文章！

在中学教学活动中，我们往往会发现这样一个现象：喜欢天文的学生物理好，喜欢阅读的学生作文好，喜欢旅游的学生地理好，喜欢逛庙的学生历史好，喜欢做点儿小买卖的学生数学好，这就说明"习"在学习过程中的重要性。中学教师在开展教学活动的过程中，要结合实际，为学生营造适当的知识实践平台，让学生懂得学以致用，激发学生学习的兴趣，在动手实践中深入研究各学科的理论知识，并逐渐热爱学习。

第三节　中学生与学习

一、学习活动的基本要素

学习活动是由许多因素构成的系统。根据中学生在校学习的特点，可以归纳为四个基本要素，即学生、教师、教材和学习环境。

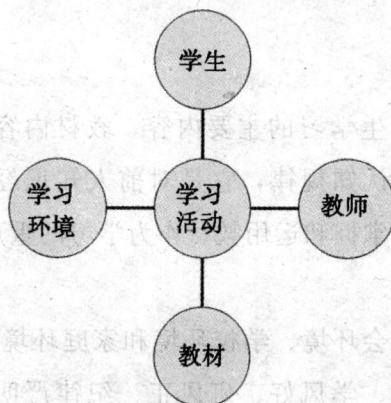

```
                    学生
                     |
        学习          学习          教师
        环境 ——————— 活动 ———————
                     |
                    教材
```

1. 学生

学生是学习过程的**主体**。在学习过程中，教材、教师和学习环境都是外因。要使学习顺利地进行，必须发挥学习者的主观能动性，使外因通过内因而起作用。现在许多家长，不惜重金让自己的孩子上重点学校，聘请名师家教，力争为孩子创造一个良好的学习环境，这是可以理解的。但是，其中也有许多家长却忽视了一个非常重要的问题，那就是作为学习的主体——学生自身的诸多因素，包括学生的智力因素和非智力因素的培养，而这些因素则是顺利地进行学习的内部原因。

2. 教师

唐代著名文学家韩愈的《师说》曾对教师的作用作过这样的论述："古之学者必有师。师者，所以传道、受业、解惑也。"可见，教师是系统学习的指导者，在教学活动中起主导作用。教师的主导作用就是教师通过教材、教法、教学手段等，使学习客体转化为学生内在的东西，转化为学生掌握的知识、技能、情感、意志和思想品德等。教师对我们中学生的成长起着至关重要的作用。因此，我们要尊敬教师，尊重教师的辛勤劳动，听从教师的教诲，在教师的指导下，积极主动地学习。

3. 教材

教材是在校中学生学习的主要内容。教材内容的编排体现了知识的逻辑顺序和学生的认知规律，它是对前人知识经验的科学总结和概括，在校中学生应把掌握和运用教材作为学习的重点。

4. 学习环境

学习环境包括社会环境、学校环境和家庭环境等。一个目标一致、团结友爱、积极进取、学风好、班风正、纪律严明的班级环境、学校环境，对一个学生的学习和身心发展起着重要作用；同时，一个和睦相处、家教严谨的家庭环境对一个学生的学习和健康成长也是至关重要的。许多青少年因为有不良的行为习惯等非智力因素，而影响了学习过程，这些就是由于不良的家庭环境所致。

二、中学生的学习任务

在校中学生学习的根本任务是把自己培养成为德、智、体、美、劳全面发展的社会主义现代化的建设者和接班人。具体任务是：

1. 掌握科学文化知识和从事实践活动所需的基本技能

知识是人们对事物现象和本质及其规律的认识，是人类实践经验的总结，是人类智慧的结晶。它既包括人们对外界事物的初步认识和感性知识，又包括由感性认识上升为理论的理性知识。技能是人们通过学习获得顺利完成某种任务的一种动作方式，是形成一个人能力的必要条件。例如阅读、书写、绘图、打字、使用计算机等。

知识的掌握与技能的形成是相辅相成的。技能的获得以一定的知识为基础；知识的学习又依赖于一定技能的获得。如一个人的阅读技能、写作技能、记忆思维技能和运算技能，都会直接影响知识掌握的质量与速度。因此，在学习中，我们不仅要重视基础知识的学习，牢固地掌握基础知识，还必须重视技能的掌握，逐步获得相应的技能技巧。又如在数学学习中，既要掌握概念、原理、定理、公式等知识，又要学会解题、运算、测量、绘图等技能；在外语学习中，不仅要理解单词、短语、句子等含义，还要学会听、说、读、写等技能。

2. 开发智力，发展体力

智力是人们认识客观事物并运用知识解决实际问题的能力。如一个人的观察能力、记忆能力、思维能力、想象能力、注意能力等。

智力的发展水平同掌握知识、技能的快慢和深度关系密切。良好智力的发展，有助于对知识技能的掌握。因为，我们对知识技能的理解和掌握，是通过认识活动来实现的；另一方面，智力的开发有赖于知识、技能的获得。开发智力，即培养我们认识问题和解决问题的能力，是我们学习的重要任务之一，也是我们掌握知识技能的根本目的。

体力是人体健康程度和身体素质的综合表现。学习活动是生理和心理协同活动的过程。学习是一种艰苦的劳动，在学习过程中，从事脑力劳动，必然消耗一定的体力。体力的发展，有利于智力的发展。体力下降，不仅会给学习造成困难，也会给将来从事的工作造成困难。为此，我们在学习过程中，既要勤奋学习，又要科学用脑，劳逸结合，加强体育锻炼，增强体质，使身心健康地发展。

3. 培养高尚的品德，树立科学的人生观

高尚品德的培养和科学的人生观的树立是青少年学生在校学习的重要任务，也是我们学校教育的出发点。我们要想把自己培养成为有理想、有道德、有文化、有纪律的劳动者，成为共产主义事业的接班人，就必须培养自己的共产主义的道德品质，养成良好的道德行为习惯，这是一个人走向成才之路的重要标志。

三、学习过程

对于学习过程可以从不同的角度去理解。从学习过程的本质看，学生在校的学习是认识世界和改造世界的统一，是实践和认识的统一，是知识、智力、能力、品德协调发展的统一；从学习过程的形式看，学生在校的学习是教师的主导作用与学生的主体作用的结合，是课内、课外学习的结合，是教师、学生、教材、学习环境等各种因素相互作用和相互制约的过程；从在校学生掌握知识的环节看，学习是选择定向、感知、理解、巩固、应用知识和总结评估的统一过程；从心理学认知加工观点看学习实现的途径，学习是师生共同参与的信息双向传递的过程，即信息输入、储存、加工、提取、反馈的过程。下面我们主要从后两者即从在校学生掌握知识的环节和心理学有关认知加工观点对学习过程的分析来看学习的过程。

1. 从在校学生掌握知识的环节看学习过程

（1）选择定向（确定学习对象）。学生开始学习，首先是要建立学习主体与客体之间的联系。能否建立这种联系，决定学习活动是否发生。也就是说，在学习活动之前，学习主体对学习对象有一个选择定向的过程，即确定学习对象。学生确定学习对象依据一定的条件进行。

一是主体的需要，只有能满足主体某种需要的学习内容，才能被主体接受。这种需要往往是同主体某种奋斗目标、志趣爱好、身心发展等因素分不开的。如立志做一名物理学家的人，物理学方面的知识就容易被选择；想当作家的人，对文学作品则更感兴趣。二是主体知识基础的水平影响对学习对象的选择。学生已有的知识基础水平是学习的主、客体建立联系的关键。如果学习的内容超越了主体知识基础水平，就不能被主体选择。因为这种学习的要求不能转化为主体的学习需要。

当然，在校学生的学习具有相对的统一性。在校学生的学习是按照统一的教学大纲、教学计划和教材，在老师的指导下进行学习的。教材又是经过专家认真地选择，并体现了各类教育的培养目标、知识体系的逻辑关系，学生的年龄、生理、心理发展特点，学生是可以接受的。但这并不意味着学生的学习没有选择性。这种选择性一方面表现为学生对某一学科的偏爱，另一方面还表现为在每一门学科学习中对具体知识的选择定向。例如学习同一门课，不同的教学方式可以产生不同的教学效果。其中一个很重要的原因就是教学中是否注重学生在学习活动中非智力因素的培养，如良好的学习兴趣、正确的学习动机等等，这些都影响学生学习的选择定向。课外学习内容一般要靠自己去选择。因此，在选择时，就应根据自己的学习实际、爱好兴趣、可接受性，以及是否能促进身心健康等进行选择，而不能脱离实际。

（2）感知知识。感知知识是我们去进一步理解知识的前提，感知过程是通过人的不同感受器来实现的。感受器是指眼、耳、鼻、舌、身等各种感受外界刺激的器官，如视觉感受器是眼球的视网膜、听觉感受器是内耳的柯蒂氏器、嗅觉感受器是鼻黏膜上的嗅细胞等。在信息传递中，知识信息是由不同的载体所负载，如光波是视觉信息的载体，声波是听觉信息的载体，而触觉、味觉、嗅觉等信息则以相应的机械波、电磁波、空气、化学物质为载体。学生对由不同载体携带的各种知识信息，通过感受器进行接收，由传导神经传至中枢神经系统，进行初步的信息加工，形成对于某种知识的感知觉和表象。这种感知觉和表象是我们对知识基本事实的感性认识，它为进一步理解知识奠定基础。

丰富的感性认识包含着广泛的内容。一方面在课堂上我们很好地感知教材内容，往往要通过一些直观的方法，如做实验，观察实物、模型、图片、图表以及幻灯片、录像、电影等，从而获得一定的感性认识；另一方面又要通过自己的回忆、联想、想象去再现过去的感知觉、印象和经验。要做到这一点，只靠课堂的直观是远远不够的，平时就应该注意广泛地积累丰富的感性材料和基础知识。有了丰富的感性材料和知识储备，才能理解新知识，发展智力。要理解浮力的原理，必须懂得力、力的平衡、压力等概念和有关浮力的生活知识。要理解几何图形的概念就需要有对皮球、方木、圆钢等物体的形状、大小的感性认识。

（3）理解知识。如果说获得感性知识是学习过程的重要一步，那么理解知识则是学习过程的关键。在学习过程中，要真正掌握知识，就要将人类的知识财富内化为自己个体的精神财富，实现这一步，主要通过对知识的理解。同时，知识的巩固、应用也都与理解密切相关。

所谓理解就是个体运用已有知识、经验来认识事物的联系、关系直至本质、规律的思维活动。理解知识就是学生将接受的感性知识信息经过大脑积极地分析、综合、思维加工，找到新知识和原有知识经验的本质、内在联系，弄清新知识的特点、性质、联系或意义，对未知的事物现象作出新的解释、判断，并与一定的知识体系融会贯通。

知识的理解有不同的水平，知觉中的理解是直接实现的，是一种直接理解，它主要弄清事物"是什么"，而对事物本质的理解则需要通过思维活动来实现，是一种间接理解，它主要解决"为什么"。间接理解要通过一系列的类比、对比、归纳、演绎、分析、综合等思维过程。因此，理解知识就要充分发挥主观能动性，积极思考，离开个人的积极思考是不可能实现对知识的理解的。

在校中学生理解知识一般经过这样的过程：首先是把新知识与原有的知识经验相联系，找到它们的异同，将新知识的本质属性加以概括，揭示其规律；然后，通过对比、类比、综合、归纳、演绎，使其具体化、系统化，达到新知识与一定的知识体系融会贯通，最后充实和改造原有的认知结构。

衡量理解知识的主要标志是什么？主要有三个标志，一是语言表达，二是实际操作，三是具体运用。

用语言表达来衡量对知识的理解程度，主要是看能否以压缩或展开的方式说明概念、原理和教材内容，以及是否能够灵活地利用教材中的材料来回答问题。简单地说就是能否用自己的语言把内容表述出来。用实际操作来衡量知识理解程度，主要看能否根据所学知识进行测量、制作、实验、写作、运算等等。具体运用，一是用具体实例解释概念原理；二是利用概念原理去解决具体问题，能否运用知识去解决问题是衡量理解知识的重要标志。

当然，理解知识的三个指标的有机结合是全面衡量理解知识的标志，这种结合越好，表明理解越深，反之，理解知识越深，三者结合得也就越好。由此可见，通过听课、阅读、记笔记接受这些消息性信息，并不意味着理解了知识，只有对消息性信息能够运用自己的语言表达、实际操作和具体运用，这时，知识信息才真正具有实在的价值和意义，才能体现出真正理解了知识。

（4）巩固知识。学习的目的在于掌握、运用知识，并能够在需要时随时回忆再现出来，用于理解新知识，解决新问题。一般地说，学习必须以一定知识、经验的积累为前提，如果学习知识不能巩固、随学随忘，每天都从零开始，那么学习活动是无法进行的。可见，保持、巩固知识在学习过程中具有重要的意义。知识的巩固积累是通过记忆来实现的，有了记忆，人才能进行学习，才能积累知识经验。

（5）应用知识。知识的应用，从心理活动来说，主要是将抽象知识具体化的过程，是把抽象概括的知识推广到同类具体事物中并在它们之间建立相应的联系，是在抽象知识指导下，对课题中包含的具体事物进行一系列分析综合，从中找出抽象知识所反映的本质特征，从而将具体事物归到一定的知识类别中去。从学习过程看，主要是通过问答、解题、操作、实验、实习等实践活动，把学到的知识加以运用，即由知转化为用。这种转化过程是由抽象到具体，由一般到个别，由理论到实践的过程。因此，知识的应用也是学习过程中极为重要的一个环节。

知识的应用是检验理解知识与巩固知识的重要手段。因为知识的应用是以理解知识和巩固知识为前提的，所以学生应用知识的情况，是检验他们理解与巩固知识的重要手段。理解和巩固知识都发生在学生大脑内部，不能直接观察。在应用过程中，通过了解学生解决问题的外部活动和结果，便可对学生知识理解与巩固的状况作出判断。

知识的应用是加深理解知识，促进巩固知识的重要方式。应用可以为初步理解知识补充感性经验，提高知识的概括水平，修正个人对知识理解上的偏差，加强知识的定向作用，使前人创造的知识真正成为自己的精神财富。在理解知识阶段，学生通常是利用少量的、典型的事例来对教材获得相应的认识。这时学生的感性经验是贫乏的，概括的内容也较空泛，因此，在现实生活中的定向作用也受限制，表现不能自如，不能融会贯通。只有通过应用才能提供丰富的感性材料，给理性认识提供更坚实的感性基础。

应用知识是知识向能力转化的重要环节。在知识应用过程中，学生要用获得的知识对课题的条件、要求、问题进行认真地观察、联想，通过分析、综合、比较等思维活动，提出解决问题的恰当方法和途径。在这一过程中，学生对所掌握知识、技能的概括程度、组织程度日益提高，认知结构日益完善、合理，分析与解决问题的能力也就逐步增强了。

应用知识有利于激发中学生学习的积极性。人在面临各种问题或任务时，常会感到已有知识经验的不足，因而就会产生探求新知识，深化对有关问题的认识，扩大自己现有知识范围的需要。学生的学习多半不是为了解决当前的问题，而是为日后参加各种社会实践做准备，因而往往学习的动力不足，紧迫感不强，不像在实践活动中那样易于直接感受到知识的价值。因此，只有加强知识应用这一环节，才能使中学生认识到所学知识的实际意义和作用，激发他们学习的积极性和自觉性。

2. 从心理学认知加工的观点来看学习过程

心理学的认知加工的观点认为学习过程则是信息的收集、加工、贮存和在需要时提取出来加以运用的过程。信息加工理论家常采用信息流程图描绘学习的一般过程（见下图）。

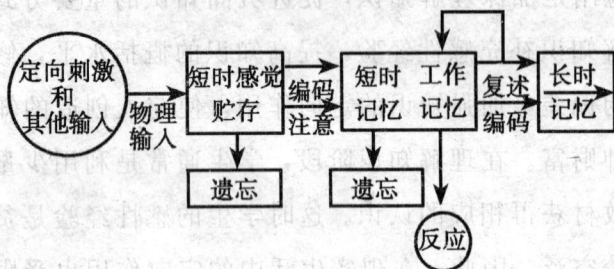

学习的信息加工模型

由这个模型可知，学习过程经历以下几个阶段：

（1）短时感觉贮存阶段。它发生在主体与环境刺激相互作用时。在每一瞬间，都有大量的刺激作用于人的感官。但绝大多数信息未能进入人的意识之中便消失了。就如视觉信息的贮存可能像一次快照，大约在 0.5 秒内消退。

（2）注意与选择性知觉阶段。短时感觉贮存中的信息只有在受到注意以后才能进入意识。例如学生听课，不是老师一节课讲的所有的话都能记住。有些不重要的话，我们没有注意，就随听随忘了。甚至有时分心，老师问在讲什么，却什么也答不出来，这说明在没有注意的条件下，信息不能进入意识。

（3）记忆阶段。即短时记忆和长时记忆。进入到短时感觉贮存的信息如果受到注意并编码则进入短时记忆（亦称工作记忆）。如果没有注意则输入的信息就马上遗忘了。进入到短时记忆的信息经过复述并进一步编码则进入长时记忆，如果进入到短时记忆中的信息不经复述和进一步编码则也会遗忘。

四、学习的类型

对学习进行分类，有利于揭示不同类型学习的特殊规律，便于学生遵循这些规律去有效地学习，同时也便于教师遵循这些规律去教学、指导学习。但是，由于学习本身的复杂性和人们对于学习的划分标准不同，就产生了各种不同的学习分类，下面介绍我国心理学家对学习的分类。

我国心理学界以潘菽教授主编的《教育心理学》为代表，把学习分为以下四种类型：

（1）知识的学习。

（2）技能和熟练的学习。主要指运动的、动作的技能和熟练。

（3）心智的、以思维为主的能力的学习。

（4）道德品质和行为习惯的学习。

这样分类比较符合教育实际，常被学校教育工作者所采用。当然，在这四种类型学习之间也很难严格地划清界限。知识、技能和品德的学习总是相互渗透、密切联系着的。例如，在知识学习中就包含有技能特别是智力技能的学习，不包含智力技能的学习是不存在的。

我国著名教育心理学家、北京师范大学心理学院冯忠良教授认为，依据教育系统中所接受经验的内容不同，可以将学习分为知识的学习、技能的学习和社会规范的学习三类。

（1）知识的学习

即知识的掌握，是通过一系列的心智活动来接受和占有知识，在头脑中构建起相应的认知结构。具体来讲，知识的学习是通过领会、巩固和应用三个环节完成的，每一环节又有其特殊的心智动作。知识的学习要解决的是认识问题，即知与不知、知之深浅的问题。

（2）技能的学习

通过学习或练习，建立合乎法则的活动方式的过程。有心智技能学习和操作技能学习两种。技能的学习比知识的学习更为复杂，不仅包括对活动的认识问题，还包括活动或动作的实际执行问题。不仅要知道做什么、怎么做，同时还要能够实际做出动作。技能的学习最终要解决的是会不会做的问题。

（3）社会规范的学习

又称行为规范的学习或接受，是把外在于主体的行为要求转化为主体内在的行为需要的内化过程。社会规范的学习既包含规范的认识问题，又包含执行及情感体验问题，因此比知识、技能的学习更为复杂。

心理学家鉴于动物和人在学习过程中所发生的反应及行动程序存在着本质区别，主张把学习首先分为两大类：

（1）反射性学习

所谓反射性学习是指学会对一定刺激的反应。这种学习过程多数是无意识的、机械的，是通过摸索、试误进行的。在这种学习过程中，运动和行动的感性信号受不同的强化而由泛化到分化以及系统化。整个过程受到需要及情绪的控制。这种学习虽是动物和人所共有的，但并非完全相同。人类的反射性学习又可分为3种：

①感受的学习：指各种感性信号与知觉的区别力及观察、再认和辨别过程的形成。

②运动的学习：指学会对完成运动方式的选择与联合，形成合理的运动程序及其分化、泛化和系统化。

③感受—运动的学习：指感受学习与运动学习的结合，形成在知觉和观念控制下完成合理行动的自动化方式。

这三种学习的结果形式分别表现为感受的熟练、运动的熟练与感受—运动的熟练。

（2）认知性学习

所谓认知性学习是指学得一定的知识和动作的学习。心理学家认为，这种学习在条件、强化性质和积极性等方面与动物的反射性学习相比均发生了质的变化。

从学习条件方面来说，认知学习中除了有实物本身的第一信号系统的作用以外，还有以词为基础的第二信号系统的作用。在认知学习过程中不仅可以建立"实物—实物"的联系，而且还可以建立"词—实物""实物—词"和"词—词"的联系。词和外界的实际影响一样，能控制人的学习和行动。

就强化的性质来说，在动物的反射学习中，强化具有生物学性质，是为了满足机体的一定需要。在人的认识和学习中所发生的强化则大量的是受社会制约的需要。凡同人的社会需要相联系的信号（词、实物、条件）都可以对学习起强化作用。

第二章 学习态度——求学的标尺

博学之，审问之，慎思之，明辨之，笃行之。

——《礼记》

学习态度指学习者对待学习比较稳定的具有选择性的反应倾向，是在学习过程中的一种内部状态，在中学教学过程中，对学习态度的探讨，不仅有利于教师认识学生的学习过程，而且有利于教师对教学策略的选定，更有利于培养学生终身热爱学习的美德，这既是教育本身的需要，使教学成效更为显著，又是一个人生存和发展的基本需要，适应社会的需要。

第一节 什么是学习态度

一、学习态度的内涵

所谓学习态度，一般是指学生对学习及其学习情境所表现出来的一种比较稳定的心理倾向。它通常可以从学生对待学习的注意状况、情绪状况和意志状态等方面加以判定和说明。

学生的学习态度，具体又可包括对待课程学习的态度、对待学习材料的态度以及对待教师、学校的态度等。学习态度由认识、情感和行为意向三种心理成分构成。

首先，认识成分是指学生对学习活动或所学课程的一种带有评价意义的认识和理解，它反映着学生对学习的价值的认识，它是学习态度的基础。

其次，情感成分是指学生伴随认识而产生的情绪或情感体验，如对学习的喜欢或厌恶等，由于情感本身就反映出学生的学习态度，因此，情感成分是态度的核心。

此外，行为意向成分是指学生对学习的反应倾向，即行为的准备状态，准备对学习作出某种反应。一般说来，学习态度的上述三种成分是相互协调一致的。

二、学习态度对学生学习的影响作用

1. 学习态度调节学生的学习行为

学习态度对学习行为的调节，首先表现在对学习对象的选择上。对此美国心理学家进行了如下的实验研究：

他们以两组美国南部的白人大学生为被试者，第一组平时所表现的态度是反对种族歧视，反对黑白人分校。第二组为种族歧视者，主张黑白人分校。实验过程是，让被试者个别朗读十一篇反对黑白人分校为主题的文章。然后请被试者将所读过文章的内容尽力完整地写出来。结果发现，第一组学生，即学习材料与自己的态度一致者，成绩明显优于第二组。换言之，与既存态度相吻合的材料，容易被吸收、同化、记忆，而与个体的信念、价值观违背的材料，则容易被阻止或歪曲。

由此可见，态度具有某种过滤的作用。学习态度调节学习行为，还表现在学生对学习环境的反应上。当学生在学习态度与教学环境上保持一致时，就积极努力地学习。但如果由于某些原因对学习环境（如教师、学校等）产生不良态度时，则会回避学习环境并产生不利于学习的不良行为，如逃学、反抗等。

2. 学习态度影响着学生的学习效果

学习态度对学习效果的影响作用，已被许多实验研究所证明。我国心理学工作者近些年来曾对中小学生的学习问题进行了实验研究。研究结果表明，学生的学习态度不仅直接影响学习行为，而且还直接影响学习成绩。那些喜欢学习，认为学习很有意义的学生，上课注意听讲，按时完成作业，学习成绩优良。相反，那些对学习不感兴趣，认为学习无用的学生，课堂行为问题多，学习成绩也差。

可见，学生学习态度的好坏与其学习效果密切相关。在中学实际教学过程中，如果其他条件基本相等，学习态度好的学生，其学习效果总是远胜于学习态度差的学生。

3. 学习态度影响学生的耐受力

所谓耐受力，是指一个人受到某种挫折时，能摆脱其困扰而免于心理和行为失常的能力，也就是个体能经得起打击或经得起挫折的能力。有关研究和实践都证明，一个人对挫折的耐受力与其对引起挫折的事物的态度密切相关。而学生在学习中对所承受挫折的耐受力，则与学生的学习态度密切相关。

例如：一个认为学习很有意义、喜爱学习的学生，往往在学习中遇到这样或那样的困难与阻力，即遇到挫折时，耐受力就高，表现出吃苦耐劳、百折不挠和勇往直前的精神。相反，一个认为读书无用、对学习本来不感兴趣的学生，学习中遇到困难或遭受失败时，耐受力就低，往往表现出灰心丧气，甚至一蹶不振，甚至彻底丧失了对于学习的兴趣。

三、影响学习态度的因素

1. 家庭教育因素

社会心理学的研究表明，个人态度总会受到社会上他人的态度的影响。这种影响主要表现在两个方面：一是个人态度的形成要受到他人态度的影响，如一个孩子对艺术或体育活动的态度，常常受其父母对艺术或体育活动态度的影响；二是个人固有的态度也可因他人态度的影响而加强或减弱，抑制或改变，例如通过学习张海迪等先进人物的活动，也可能使人们旧有的人生态度发生根本变化。

就学生学习态度的形成来说，首先受其家长态度的影响。家长对科学文化知识的态度，对待子女学习的重视程度，在很大程度上影响着他们子女的学习态度。一些研究指出，大多数热爱学习、学习积极性高的学生来自重视文化知识的修养、求知欲高的家庭。这类学生的父母，大多是中高等学历水平。相反，大多数不爱学习，学习成绩差的学生，其父母学历很低，轻视文化科学知识的价值。

另外，从许多经验和日常生活观察中还可以发现，那些关心子女的学习进展情况，对孩子的学习态度和学习行为不断给予指导、检查和奖惩的家长，促进了孩子积极学习态度的形成和学习成绩的提高。相反，在对孩子的学习不闻不问、任其自由发展的家庭环境中长大的学生，很少有积极的学习态度和获得优秀的学习成绩。

2. 教师个人因素

学生的学习态度，除受其家长影响外，还受到教师的影响。教师是教育者，处于为人师表的地位，因而他们的态度对学生学习态度的形成具有更大的影响作用。

教师对所教学科的态度，即对所教学科的实用价值重要性的理解，在传授学科知识时表现出的热情，对学科进展成果的关心等，必然影响学生对该学科的态度。

有这样一个例子：

一位心理学家曾测量了 45 名初中一年级代数教师和他们所教的1063 名学生对代数的态度，结果发现教师和他们所教的学生，不仅对代数的态度是一致的，而且对代数的实用价值的评价也是完全一致的。

教师与学生之间的关系是否融洽也是影响学生学习态度的一种不可忽视的重要因素。如果师生关系和谐、融洽，学生喜欢任课教师，认为该教师对学生热情、平等、关心，并且有很高的教学水平。那么学生就喜爱他所教的那门功课，乐意接受他所讲授的课程，从而产生积极的学习态度。相反，如果师生关系紧张，学生不喜欢某一教师，认为该教师对学生不友好、不关心、不公道，知识水平不高，学生就会对该教师产生反感、惧怕或抵触情绪，并进而发展到厌烦该教师所教的那门功课，对该门功课的学习采取消极态度，如课堂上不愿听讲，对教师提出的课堂问题和布置的作业有时也不喜欢，甚至拒绝。在这种情况下，教师则构成了学生与学习之间的障碍，从而进一步导致学生厌烦学习。

3. 教学过程因素

教学过程中所涉及到的学科内容、组织形式以及课堂情境等，都会直接影响着学生的学习态度。许多研究表明，以不同教学形式和各种课堂活动情境下呈现出的生动有趣的教学内容，最能引起学生的兴趣，使学生产生积极的情绪体验，从而形成或改变其学习态度。相反，在沉闷的课堂情境中，那些枯燥无味的学习内容、单调的教学形式最易使学生产生并形成消极的学习态度。

在中学教学过程中，教师的教学方法以及教学艺术对学生的学习态度有着更为重要的影响。如教学实践中常可看到，当有的教师走进课堂时，学生的学习热情陡然高涨，学习兴趣油然而生，学习的注意力高度集中。学生的这种积极学习态度往往与这些教师生动、活泼的教学方法和高超的教学艺术密切相关。而有的教师一上课，学生就昏昏欲睡，盼望早点到下课时间，学生的这种消极学习态度，正是由于这些教师的教学方法呆板、讲授时照本宣科、填鸭式教学所造成的。

4. 社会风气因素

青少年学生不可能与社会隔绝，所以他们的学习态度除主要受家长、教师、教学过程等因素的影响外，还会受到社会风气的影响。

由于中学生的品德、价值观念等正处于形成过程中，所以他们既容易接受良好社会风气的影响，同时也容易接受不良社会风气的影响。如目前社会上图实惠、就业挑好工作、靠"走后门"等不良风气，就影响着学生对学习的正确认识，甚至扭曲了少数学生的心灵，他们受此影响变得目光短浅，错误地认为"学与不学，学习好与坏都一个样"，因而学习态度变得消极，常常是人在学校，心思仍在校外，学习被动，考试作弊，整天混日子，对学习失去兴趣，有的甚至弃学从商，弃学学艺等等。

第二节　学而不厌——让学习成为乐趣

一、端正学习态度

　　态度决定一切，只有端正了学习态度，才能进行有效的学习。如果态度端正，就可以有足够的毅力克制玩心，拥有催促前进的动力。

有这样一个故事：

一个人碰到三个工匠在盖一幢房子，他问第一个工人："你在干吗?"第一个工人没好气地回答："砌砖，你没看见吗?"他又问第二个工人这个问题，得到的回答是："造房子，我靠这谋生。"与前两个工人不同，面对同样的问题，最后的那个工人骄傲地说："我在建造全市最宏伟的建筑。"之后当然是根据故事编写者的意思，第三名工人工作出色，很快被提拔，多年后成了老板，而另外两人还在愁眉苦脸地砌砖。与之类似，同样是做题，有人做得快乐而且高效，有人则是拖沓还常犯错，不能否认态度在其中的作用。

因此，及时矫正不良的学习心态，端正学习态度对中学生的学习活动具有重要意义，是中学生认真学习、用心学习、热爱学习的必要保证。

初中是学生生活的一个新转折点，学生进入初中，跨入一个新的学习阶段，这是他们成长中的一个转折。在面对新的学校、新的同学和老师、新的班级以及新的学习任务时，学生的反应可能是复杂的，心理上也可能会出现一些不适应。在中学教学活动中，教师和家长要引导学生把升入初中看成是值得高兴和祝贺的事情，从而使学生对新的学习阶段充满好奇和热情，编织新的梦想和期待，并能够产生积极、向上的学习态度，在这个新的阶段有新的发展和进步。

与此同时，学习是学生各种活动中的主导活动，在新的学习阶段，随着学习任务的增加与难度的增大，学生在学习方面遇到困难是难免的，如果不能很好地解决，可能会由小学时代的优秀生成为初中时代的后进生。因此，如何认识新阶段学习的新特点，摆正心态，保持乐观积极的学习态度，掌握初中学习的特点和方法，是学生能否在以后的学习中有信心克服学习中遇到的困难、不断争取进步的基础，对学生的发展有重要意义。

二、中学生不良学习心理现状分析

中学生活是学生人生中的重要阶段，是培养学生良好的学习习惯、激发学生的学习热情的重要时期。学生在学习中，都不同程度地产生了一些对学习不利的心理问题，直接导致学生产生厌学的不良心理。

1. 自暴自弃型

这种类型的学生主要表现是：无心向学、屡次迟到、缺席，课堂违纪、发呆，作业马虎、潦草，甚至不交作业；对老师的批评教育、忠言劝告无兴趣，视上学为坐牢，盼望着下课，盼望着放学，盼望着放假。这些学生心理障碍不是一朝一夕形成的，之所以会产生这样的心理，是由于长期以来基础差，听不懂课，加上自己生性懒惰，不会主动去克服困难，形成了听不懂——不听——更听不懂的恶性循环，经常性的失败使他们失去了自信心和学习的热情。

2. 得过且过型

这类学生主要的问题是学习随意性大，漫无目的，不会主动考虑如何搞好学习，寄希望于老师，依赖性强，只是被动地完成老师布置的任务，学习没有计划，学习上有畏难心理，克服困难的决心不够。此类心理的产生，是由于长期以来不良学习思想所造成的。进入中学后，学习内容多，任务大，考试、测验频繁。在压力面前，学生易退缩，久而久之形成懒惰习惯，加之部分老师为了追求高成绩、高质量，重视平均分，在教学中一手包办多，这就很容易使学生产生依赖心理，学习上积极性和主动性难以激发。

3. 烦躁不定型

一些中学生在学习中，情绪波动较大，心情急躁或闷闷不乐，对老师布置的作业和任务表现出强烈的不满和反感。晚上失眠，白天上课无精打采，学习成绩不稳定，甚至越来越差。造成此类心理现象主要是因为这部分学生在学习中缺乏自我调节的能力，加上学习任务繁重而自己的学习方法又不科学。所以心理压力过大，进而情绪消沉，严重影响了学习效果，形成了这样的恶性循环：学习任务多→压力大→心情不好→学习效果差→心情急躁→压力更大→学习任务更多。如果在学习中想急于求成，立即见效而又不能，这种心理就更容易产生。

4. 虎头蛇尾型

一些中学生学习有激情、有兴趣，但坚持不长久；多次下决心努力学习提高成绩，但做事"三分钟热度"。碰到困难就容易退缩，碰到失败或退步喜欢给自己找借口，找客观原因。这类学生主要问题是自我控制能力差，意志不够顽强，缺乏柔韧的精神，在顺利的学习环境中得心应手，而一旦碰到困难和挫折就有放弃的念头，在心理上不够自强、乐观、自信。

三、中学生的不良学习态度

1. 过于谨慎，缺乏交流

据我国教育机构对中学生的研究调查显示，28.3%的学生能经常主动争取机会发表自己的见解，22.1%的学生不会主动争取发表意见，有15.4%的学生善于向大家讲述学习过程，51.6%的学生不善于向大家讲述自己的学习过程。

在中学生的日常学习活动中，学生之间平时热衷于交流一些毫无意义的事情，而对于学习有帮助的话题却很少谈及。学习是师生之间相互交往的过程，交往意味着平等的对话与交流。然而，目前学生对于学习问题，学生之间、师生之间的交流略显不足。因此，矫正学生对学习问题交流不够的不良习惯迫在眉睫。

2. 学习分心，不专注

有这样一则案例：

月考前我很用功的，学习效率比别人都高得很多，成绩提高非常快，但是月考到现在已经十几天了，我一节课也没有听，没有心去学习，总是乱想别的东西，乱想过后觉得脑子累了，脑子很乱，学习不好了，好像是脑子营养不够，那应该吃些什么……

我蛮在乎她的……喜欢她，想她蛮多的，但是我不想早恋……我怕早恋会带来很多伤害……我这个人很会学习，很爱学习，就是没心情看书，我觉得我完了，学习成绩提不高很伤心……

这是一位初三学生写的一封求助信，一个很爱学习的孩子，由于对一位女生有好感而处于痛苦的矛盾中，整天没有心情学习，造成学习成绩提不高。这是学生成长过程中遇到的一个心理健康方面造成的学习分心问题。

学习分心是目前中学生存在的普遍现象，有的学生学习时常常耽于空想，如案例中的学生；有的学生特别是坐在后排的学生常常东张西望，或做与学习无关的事情；有的学生在学习的时候做与本节学习无关的事，如上课补其他学科作业或者看小说等等；还有的上课精神不振，干脆打盹。

据调查发现，只有24%的学生能快速进入学习状态，23.4%的学生上课沉迷于空想，21.6%的学生上课做小动作，22%的学生上课有意发表一些与学习无关的逗人发笑的奇谈怪论。

学生"分心"主要有客观和主观两个方面的原因，其中客观原因包括：与学习无关的刺激物的干扰、学习上单调或遇到困难、学习方法不当、学习环境不好等；主观原因包括：缺乏学习上的兴趣和信心、自身注意力差、身体或情绪不好、不理解学习的内容、自控能力差等，但更主要的原因还是学生自身情绪波动大，思维不集中，失去自控能力，因而在学习上不能全神贯注。

3. 被动学习

有这样一则案例：

小明是一个听话的孩子，在小学读书时学业成绩一直很好，其父母非常自豪。可是上初中后成绩直线下降，他的父母却不知道是什么原因。其实，老师最清楚小明了，一是老师提问时他不积极主动思考回答；二是老师不布置作业，他就不知道自己该干什么了。所以，小明是吃了被动学习的亏。

被动学习是目前中学生表现出的普遍现象。被动学习是指学生在学习上不能主动地安排自己的学习，学习上漫无目的，没有计划，缺少积极、主动学习的精神。另外学习兴趣经常转移，全凭个人情绪对待学习，一旦遇到某种学习障碍，就会半途而废。

据调查发现，当老师不在身边时，有16%的学生不会自觉学习；

13.3％的学生经常被老师提醒注意，学业上有问题也不爱提问；有26.9％的学生不会思考与学习有关的问题；18.5％的学生不会主动琢磨教材和老师讲课的思路；57.9％的学生在老师引导下才会注意这个问题。学生作业则需在家长或老师督促下才肯学习，不能主动积极完成作业，有时甚至抄袭或不交作业。

4. 应付于事

有这样一则案例：

陈老师教了几十年的书，对工作认真负责，任劳任怨，学校很信任他，所以，他毕业班送了一届又一届，但多数学生最终没有升入理想的高一级学校。这是为什么呢？他发现现在有些学生对待学习缺少正确的态度，这些学生没有把学习看做是自己的事情，而是错误地认为是为教师或家长而学习，结果在学习过程中往往采取应付的态度，具体表现是：今天的作业明天做，明天的事情后天办。该做作业的时候，却只顾自己去玩，老师收作业的时候，就胡乱写一气，或者照抄别人，对错全不管。至于预习更谈不到了，上课的时候还不知道老师讲什么，等刚刚有点眉目的时候，已经到了下课的时间。结果一步赶不上，步步赶不上。陈老师有些疑惑，希望求助于同行。

陈老师遇到的问题，许多老师都有同感。现在有很多学生都是留守儿童少年，其监管的都是爷爷、奶奶、外公、外婆、伯叔、姨舅等。这些监管人要么岁数很大，自己都没有多大的文化，要么事情较多，没有多少工夫来过问孩子的学习情况。另一方面，家长外出打工能挣大钱，使学生无意中产生一股新的学习无用论思想，这造成很多学生对学习存在应付于事、敷衍搪塞的不良习惯，使得他们学习效率大大降低，厌烦学习，学业成绩最终不够理想。

5. 知难而退

有这样一则案例：

小雪进入初一学习期中考试之前，学习很认真，上课专心听讲，作业按时完成，平时的单元检测题总是想方设法地做好。可是，期中考试却失败了。她在周记中写道：我根本就不是读书的料，而且，以后挣钱并非一定要读书好，我家周围有很多在外打工挣钱的人，每个月四五千元，只不过是小学文化。还有几个小学都没有毕业的人现在已经当大老板了，在当地小有名气。我只要求拿到毕业证就行了，到时我一定会另谋发财之道……

案例中的学生正是对学习存在畏难情绪，缺乏克服困难的勇气和毅力，甚至因为一次考试失利产生厌学情绪，从而失去了学习兴趣。

据调查显示：老师布置的作业或任务有困难时，7.9%的学生自动放弃应该完成的学习目标任务；对薄弱学科的学习，28.3%的学生不愿对薄弱学科格外用功学习。在学习过程中，原本稍一纵身即可摘到的"果子"由于缺乏勇气和毅力而没有得到，再坚持一下就能成功的追求却因半路放弃而失败，知难而退是一些学生厌学的根源。

四、端正好态度，让学习变乐趣

1. 乐于交流，趣味中学习

课堂是学习交流的主渠道，在自主、合作、探究的学习氛围中，中学生只有在教师的指导下积极主动学习，思考学习问题，才能够具备与同学大量交流的条件。课堂学习是一种团队学习，在中学课堂教学活动中，教师要适当培养学生的团队学习的精神，引导学生积极发表自己的见解，在团队学习的过程中体会集体学习的乐趣。同时，课外活动是学习交流的补充，中学生可以根据自己的特长爱好，选择参加各种课外兴趣小组活动和社会实践活动，主动寻找与他人彼此交流的话题。交流的对象除本班任科教师和同学之外，还应该包括其他教师和同学、家长、亲戚、朋友等。交流的内容，除学习之外，还可以是其他热点、焦点问题。交流的方式可以是交谈、对话、辩论，也可以是演讲、手抄报、黑板报，还可以是书信、电话、网络等。从而在不断的沟通和交流过程中，品尝学习的乐趣。

2. 激发学习兴趣

兴趣是一种兴奋剂，一个人对某种事物有浓厚的兴趣，就会对它集中注意，并且能长期坚持，在中学教学活动中学生的学习也是这个道理。有的同学学习时分心与对所学科目没兴趣相关。为了避免因缺乏兴趣而导致注意涣散，教师必须培养学生对所学科目抱有浓厚的兴趣，从而在轻松愉快的学习气氛中学习。如果对某些学科不感兴趣，教师要引导学生通过对这门学科将来发展的重要性的认识来提高对它的兴趣。

3. 注重多元评价

在中学教学活动中，每个学生都有其个性差异，都有其值得肯定的一面。苏霍姆林斯基说过："教师无意间的一句话，可能造就一个天才，也可能毁灭一个天才。"陶行知先生也说："你的皮鞭下有瓦特，你的冷眼里有牛顿，你的讥笑中有爱迪生。"这些话实质上是提醒教师，对学生的评价要消除先入为主的偏见，预防"一叶障目"的倾向。同时，要懂得用一双慧眼去观察了解每一个学生的长处和短处，多一把评价的尺子，才会多一批优秀的学生。给学生"量体裁衣"的评价才是上策，更能够激发学生主动学习的潜能，从而改变学生被动学习的局面，让学生发自内心地热爱学习，促进学生逐步走向成功。

4. 培养学习意志

有人曾经这么说过："伟大的事业不是靠力气、速度和身体的敏捷完成的，而是靠性格、意志和知识的力量完成的。"学习正是在校学生从事的为未来成功的人生做准备的一项"伟大的事业"，没有坚强的意志力是很难获得成功的。学生的学习意志重在自我锻炼：一是抓点滴。从学习常规做起，按时完成自己的各项学习任务，不拖欠作业，不老是"明日复明日"，当天的学习任务当天完成；二是正确对待学习中的挫折和失败。在学习中要善于从挫折和失败中吸取经验和教训，正确分析挫折和失败的原因，从逆境中奋起，树立信心，重振旗鼓，善于进行自我调节，把压力转化为动力，从学习的乐趣中汲取知识的能量，达到成功的彼岸。

5. 增强自信，探索学习的乐趣

中学生在学习过程中难免会遇到困难和挫折，关键是要增强战胜困难和挫折的信心。一个人一旦失去自信心，就会失去前进的动力，而一旦有了充分的自信心，就可能产生强大的内驱力，燃起智慧的火花，懂得探寻学习的乐趣，最终走向成功。这好比一个在原始森林中跋涉的迷路人，如果他中途自信心垮了，止步不前，等待他的只有死亡；只要沿着河走，为自己建立顽强的信念，不畏前途艰险，不忘沿途风景秀丽，终有一天会走出死亡的地带。

第三节　华丽转身——养成好态度

一、转变学生对学习的错误认识

认识成分是态度的基础，学生积极的学习态度，首先来源于对学习的正确认识。而学生的种种不良学习态度，往往是因对学习的某些错误认识而造成的。因此，转变学生的不良学习态度，首先要转变学生对学习的种种错误认识。

目前，社会上出现的"脑体倒挂"现象，某些不正之风以及"下海"潮的涌起，对部分学生产生了不利的影响，致使他们错误地认为"学习好与坏都一个样""在校读书不如早去挣钱""没有文化知识照样也能挣大钱"等等。这些错误认识，导致他们学习态度消极，个别学生甚至发展到"厌学"、"弃学"。

在中学教学过程中，要转变学生的消极学习态度，教师就要通过说服的方法，改变他们对学习的这些错误认识。在说服引导过程中，教师要教育学生自觉抵制社会上只图眼前实惠等不良风气的影响，教育学生放眼未来。同时，教师要引导学生纠正目光短浅的低水平动机。另一方面，教师要采取行之有效的方式，向学生提供有说服力的信息或实证材料来改变学生的错误认识，以转变其消极的学习态度。

二、消除学习中的消极情绪体验

教育实践表明，有些学生不良学习态度的产生和形成，往往是由于他们学习中因多次失败和挫折而产生的多次消极情绪体验积累的结果。在中学教学过程中，一些学生由于他们智力较差，或学习方法不当，或刻苦努力不够，因此考试屡战屡败，深感积重难返，缺乏信心，形成严重的挫折心理，从而产生厌学心理。而当他们受挫时，往往又得不到必要的鼓励、指点，受到的却是教师的批评、谴责、奚落的白眼，有的甚至还受到父母的打骂。这样日复一日地在他们心理上形成了"学习即痛苦"的消极情绪反应。

正是由于这种情绪上的原因，一些中学生虽然能够在认识上懂得学习的重要性，但还是有不爱学、不愿学，甚至逃避学习的现象产生。因而，中学教师要想转变上述这些学生的学习态度，就需要正确对待他们：当学生在学习上受挫、考试成绩不佳时，切忌进行谴责和奚落，以防止其消极情绪体验的产生。同时，要帮助学生找出学习失败的原因，指导他们改进学习方法，增强其信心。

更重要的是，教师要在教学过程中创造各种情境，从而使学生能够在学习上不断获得成功，以产生积极的情绪体验。心理学的研究表明，学生学习成功的次数越多，积极愉快的情绪体验也就越多。这就有助于逐渐消除他们因失败和挫折而产生的消极情绪体验，从而转变其消极的学习态度。

三、改革教学方法，激发学生的学习兴趣

在中学教学过程中，学生不良学习态度的产生，除上面所说的认识与情绪原因外，还与教师的教学方法有关。如有时学生对某门课程的学习产生消极态度，厌烦该门课程，往往正是该门课程的任课教师教学方法呆板，讲授内容枯燥乏味而使学生失去学习兴趣造成的。

因此，教师改革其教学方法、激发学生的学习兴趣是转变学生学习态度的必要途径之一。

在目前的中学教学活动中，教师改革教学方法，最主要的是改变课堂上满堂灌的呆板教学形式。要运用启发式等教学方法，以启发学生积极思维和学习的兴趣。教师在改革教学方法的同时，还要讲究教学艺术。教学艺术包括很多方面，其中首要的是讲的艺术，即要使讲课内容具有准确性、条理性、逻辑性和启发性，使学生闻其一盼其二，

听而思，思而疑，疑而问。

与此同时，教师在讲课时要注意声调的抑扬顿挫，讲授要生动形象，以增强教学内容的新颖性和多样性，从而能够在更大程度上激发学生的学习兴趣，使之愿意学，乐意学，积极主动地学，从而转变其学习态度。

四、科学地利用群体规范

个人总是属于群体，群体的性质和规范，无不影响个人的态度。中学教师在转变学生的不良学习态度时，可以充分利用群体规范和群体压力的影响，要求每一个学生按群体规范去做。利用群体规范的影响转变学生的学习态度，比逐一转变态度更有效。

因此，在中学教学过程中，教师要加强班级管理，使班集体有正确的行为规范，有严明的纪律约束，特别是有崇尚学习、奋发向上的良好班风，使他们在良好班风的感染下，在群体规范的制约下，逐渐改变不良学习态度，从而喜欢学习，热爱学习。

第四节　学会调节身心状态

一、心平气和学出好成绩

情绪不稳、烦躁不安、患得患失……如果你是带着这种心态进入考场的话，可能原来十分的实力最多只能发挥七分。因此，对于考生来说，在备考和应试期间应该注意心情的调节。心理苦恼或是烦躁往往会影响人的精神状态，而这种消极的状态自然无法帮助你考出好成绩。长此以往，将会严重打消学习热情。

有这样一则案例：

虽然年纪不大，但江苏省南京市2007年中考状元黄欣却表现出少有的平和心态。黄欣说："我在班上的成绩一直是数一数二的，有时候也会有很大压力，如果考不好自己会很难过。在上学期一次月考数学考得不好，中考一模又没考好，那时候心理压力很大，觉得得到的和付出的不成正比。让我更担心的是数学会拖我后腿，这时爸爸妈妈就不断开导我，帮助我一起坐下来找原因，反省自己的学习方法。这次我中考数学考了满分，和及时找出问题有很大关系。"

当问及黄欣考试如何能不紧张时，她笑着说："我就不断跟自己说你很棒，没有什么问题了。另外，我觉得最关键的是以一颗平常心对待考试。经过系统复习，大家对自己的学习能力大致有了了解，在考试中只要考出自己的真实水平即可，千万别奢望什么超水平发挥，因为往往越是对自己要求高，越是不容易发挥出自己的真实水平。谁不想迈入重点高中的大门呢？但我认为，只要你做到这一点，考试中就一定能发挥出自己的真实水平，甚至超常发挥。在考试前一星期，每天我都会模拟中考心情，到了真的中考，一切都那么简单，什么都别想，把题目做好就行！"

中考从客观事物的角度说，的确是一件很不确定的有风险的事情，这个处境总是让人不安，充满失败的危险。面对这样的事件，一个人在内心中产生一些焦虑情绪和紧张情绪是正常的，说明你意识到了现实的危险。适当焦虑有助于人的努力和警觉，对于复习和考试没有什么害处，反而有助于超常发挥。

但是生活中有一些人，被考试吓倒，往往将复习中的中性的甚至是积极的处境加以误解，当做是对自己有害的事情。

其实，事情本身是没有意义的，所有的意义都是人加上去的。你可以对事情的结果加上消极的意义，也可以加上积极的意义，两者都是你的解释。但积极的解释更有利于复习。我们要善于从一个事情中，找到最能对自己有帮助的意义，把事情的价值改变，使这一事情由绊脚石成为踏脚石。

具体做法是，把句子中的"果"改为它的相反的意思，再把句子中的"因为"放在最后。

例如，"因为我英语考试分数差，所以我不是学英语的料"，这句话可以改为："我英语考试差，所以我要努力追赶，因为我能证明我可以战胜困难"。总之，无论在什么情况下，都从好的方面对事情给予解释。变自己的消极结果为积极结果，变抱怨为努力，变自责为行动，你就能始终以一个积极的心态投入到复习与考试中。

二、考试不言弃

有这样一则案例：

卞宸　上海市中考状元

上了初三，周围的人可能会以一种不同以往的眼光来看待你，像特殊保护动物一样，人为地划出许多框框，无形中增加了许多同学的压力。上海市中考状元卞宸说："不要总是强调自己是初三，应该怎样怎样。平时是怎么学习的就还是保持原来的状态，不要刻意给自己加压。"许多初三生为延长学习时间挑灯夜战，卞宸却几乎在每晚10点之前就上床了。周末主要是充分地休息放松，同时安排一定的学习计划，对一周所学习的内容查漏补缺。

说到令很多同学色变的考试，卞宸认为考试很大程度上是考一种心态。考前两个星期个人水平基本都大局已定，这时候调整心态就显得尤为重要。考前几天，在每天相应的几个小时，他会给自己安排特定的复习内容，目的是使考试时思维的兴奋状态及时出现。很多同学考试时会因为紧张影响发挥，卞宸说，最重要的还是对自己充满信心，相信自己一定能正常发挥。一门课考完之后就彻底地抛开，全力以赴应对下面的考试。谈到是否因为父母、老师的期望而紧张时，卞宸坦称："考试之前和考试时都没有紧张，倒是考完之后有些忐忑不安。"

如何在考试前保持一个良好心态，对于中学生养成积极乐观的学习态度具有重要意义。与此同时，考试测验作为中学学习不可或缺的一个组成部分，学生能够以合理的心态去面对，不轻易放弃挑战，有利于保持浓厚的学习兴趣，以及强烈的学习热情。

考入北京大学元培计划实验班的王俊煜同学也是这样做的，他说：

"我认为，高考不仅是实力的较量，更是心理素质的较量。高三期间，要特别注意心理素质的训练。首先，我觉得，不要把高考看得太重。高考是人成才的一条路，但并非是唯一的出路。不把高考看成如临大敌，就能在心理上战胜自己，甩掉包袱，轻松上阵，从而更有可能较好地发挥水平。

"其次，不要给自己定预期的目标。就是说，考前不要对老师、亲人、朋友轻易许诺，'我一定要考上××大学'。除非你真有百分之百对压力的承受能力。这样的许诺无形中等于给自己套上了枷锁。铿锵的誓言固然可以讨得老师、亲人的一时欢心，但你付出的代价可能是沉重的。"

王俊煜同学虽然说的是高考的经验，但对初中生同样适用。考前轻易许诺对自己的备考心态影响很大。你会经常想：诺言实现不了怎么办？于是乎，失败的阴影悄然而至，患得患失的心情最不利于专心学习。心灵上的沉重负担甚至可能影响你的正常发挥。在考场上碰到

一道难题难免就会浮想联翩：落榜了怎么办？怎么向父母交代呢？心理上已被打败的人，很难在现实中不被打败。

但是，不定预期目标，并不意味不定目标。正确的做法是：

以具体的目标取代预期的目标。不去想上什么学校，而是考虑这个月该完成哪些计划，今天晚上该看哪些书。当你的注意力都用在脚踏实地地干好每一件事时，你就没有时间胡思乱想了，心里也就不会有负担了。

三、保持最佳精神状态

有这样一则案例：

闵新宇 北京市通州区中考状元

"老师和同学都说我智商高，其实呢，主要是我这个人学习比较踏实，又掌握了适合自己的方法，所以我成绩一直不错。之所以能拿中考状元，还要归功于考前状态的调整，尤其是身体状态的调整。"中考状元闵新宇在接受采访时这样说。他很注重调理好自己的生物钟，既不是"猫头鹰"，也不是"百灵鸟"。他的习惯是早上6点起床，晚上11点睡觉。这样就保证了有足够的精力来复习，课堂上注意力也更集中了，身体状态也好了，备考效率也就提高了。不过，闵新宇也强调，作息时间的调整切忌"急刹车"。调整不等于放松，急速"刹车"的结果就等于停滞，一旦发生心理上的懈怠，再紧起来的可能性几乎等于零。

中学学习阶段，面对接连不断的各类考试测验，在考试前，不少考生已逐渐进入临战状态。为争取时间，有的考生拼命熬夜，以至形成习惯，第二天上课就开始犯困；还有的考生一直有夜间用功学习的习惯，夜越深其精力越好。但是，若想在紧张的学习和考核过程中保持最佳的精神状态，就必须调整良好的学习态度，遵循合理的作息规律，根据中学生自身的特点，调整生物钟，从而才能够更高效地复习，始终保持高度的学习热情。

与此同时，保持最佳精神状态的有效方法是劳逸结合，只有在学习过程中科学地用脑，摆正学习心态，不打疲劳战，才能够让学习更加高效。

人的大脑并不是一架"永动机"，不可能永不休止地运转。睡眠是大脑的主要休息方式，只有充足的睡眠才能使大脑消除疲劳保持正常工作。因此，应合理安排好自己的睡眠时间，不要经常开夜车，保证自己有足够的睡眠时间让大脑得到必要的休息。

不仅保证晚上的睡眠，而且午睡也很重要。

一天之中，上午十点和下午三点是大脑最为清楚的时候，不过两者比较之下，以上午十点的效率更高一些，根据科学家研究发现，读书等需要用脑的活动，适合在上午进行；而运动方面的活动适合在下午。头脑运作的这种特征，主要是和睡眠有非常密切的关系。

大致来说，中午过后到下一次睡眠之间，脑波有越来越低下的现象。

由此可见，的确有睡午觉的必要。头脑的全体运作低下，借午睡可以使它的运作再度复生，也就是说，使午后和上午保持相同的运作情形。而且午后一小时左右，是头脑活动最低落的时候，即使你用功读书，效果也不会很好。因此午饭后，以一点为中心，睡二十至三十分钟的午觉，不仅利用了这段无用的时间，而且可以提高接下来的学习效率，从而使自己始终保持最佳的精神状态投入到学习活动中。

第三章 学习动机——最初的梦想

路漫漫其修远兮，吾将上下而求索。

——屈原

学习动机是推动学生进行学习活动的一种内部动因，它是激发和指引学生进行学习的各种需要的总称。良好的学习动机对于学生能否养成热爱学习的好习惯起着决定性的作用。动机一旦形成，它不仅使学生对所学内容有一定的指向性，对学习的兴趣浓厚，而且也有一定的动力使这种状态保持下去，在遇到困难时有克服困难的意志力。

第一节　学习发动机

一、什么是学习动机

　　学习动机是推动学生进行学习活动的内在原因，是激励、指引学生学习的强大动力。学习动机指的是学习活动的推动力，又称"学习的动力"。我国著名教育心理学家冯忠良教授把学习动机定义为：它激发个体进行学习活动、维持已引起的学习活动，并致使个体的学习活动朝向一定的学习目标的一种内部启动机制。美国心理学家沃尔福克把学习动机定义为：寻求学习活动的意义并努力从这些活动中获得益处的倾向。沃尔福克所说的学习动机不只涉及学生要学或想学，还强调了学习的计划、学习的目标导向以及对所要学习的内容和如何去学的反省和思考的重要性，并认为学习者主动去寻求新信息、对反馈的结果有清晰知觉、对取得的成就感到自豪与满意，在学习中不怕失败的想法对其维持学习动机起到更重要的作用。

　　学习动机并不是某种单一的结构。学生的学习活动是由各种不同的动力因素组成的整个系统所引起的。其心理因素包括：学习的需要，对学习的必要性的认识及信念、学习兴趣、爱好或习惯等。从事学习活动，除要有学习的需要外，还要有满足这种需要的学习目标。由于学习目标指引着学习的方向，可把它称为学习的诱因。学习目标同学习的需要一起，成为学习动机的重要构成因素。

　　动机总是和一定的活动联系在一起的，个体参与不同活动所产生的动机，其性质也各不相同，学习动机就是动机在学习活动中的表现。学习动机是指直接推动学生进行学习的一种内部动力，也是激励和指

效果

简单的任务

最佳水平

中等难度的任务

最佳水平

最佳水平

困难的任务

动机水平

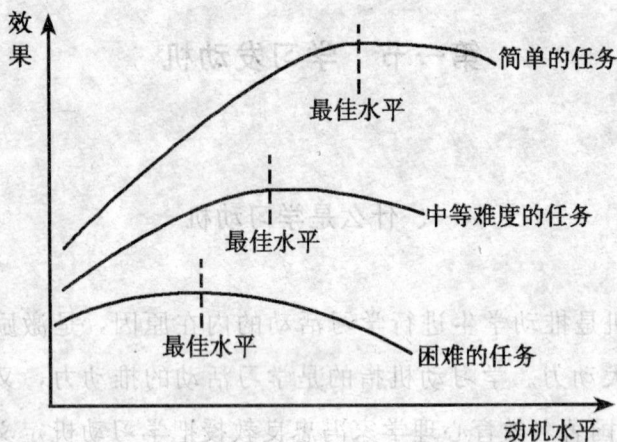

引学生进行学习的一种内在需要。从学习动机的来源上，可以划分为内部的动机（如认知动机）和外部的动机（如自我提高的动机和附属动机）。在学校教育中，如父母的鼓励、教师的表扬、竞争的奖励等等，这些由外在力量激发产生的动机，可以称为外部动机。而学生本身的内部心理因素，如兴趣、信念、理想、好胜心、荣誉感等等，在一定条件下，也可以成为推动学生积极进行学习活动的内部力量，这种由内在心理因素转化而来的学习动机，可以称为内部动机。

二、学习动机的特点

学习动机是激发个体进行学习活动、维持已引起的学习活动，并使个体的学习活动朝向一定的学习目标的一种内在过程或内部心理状态。

动力性、方向性、内隐性和复杂性是学习动机的主要特征。动力性是指学习动机对于学习活动具有推动力的作用，能够激发、维持学生的学习活动。方向性是指学习动机总是指向一定的目标或对象。如喜欢理科的学生对于参观科技馆有着较高的兴趣，有探究需求的学生喜欢思考各种问题。内隐性是指动机是个体的一种内部状态，不能直接观察，只能通过个体的行为表现、学业成绩等指标来推断。复杂性是指动机产生的原因是多方面的，对行为的调节和影响也是多方面的。如一个学生努力学习，既可能是为了个人能力的提高，也有获得老师、家长、同学赞赏的需要，同时还可能是为了将来有一份较好的工作。

　　动机与学习活动可以相互影响，互为因果。一方面，学习动机对于学习活动具有重要的推进作用。具有较强学习动机的学生，会主动地设定学习的目标，积极、主动地投入到学习中去，面临困难时努力克服，采取各种策略来完成学习活动，达到学习目标。另一方面，某些学习活动可以激发和调动学生的学习动机，也可以削弱或降低学生的学习动机。如果教师安排的教学活动生动有趣，就会激发学生的学习热情，使学生对学习产生兴趣；如果教师的授课方式、学习任务枯燥乏味，就会影响学生的学习积极性。因此，学习动机可以加强并促进学习活动，学习活动又可激发、增强甚至巩固学习动机。

三、学习动机的形成条件

　　动机是引起个体活动，维持这种活动，并使之朝向某一目标进行，以满足个体某种需要的一种内部动力。

所谓学习动机，是指激励人进行学习活动的内在原因或内部动力。

中学生的学习动机的形成过程受主、客观两方面因素的影响。

1. 学习动机形成的客观条件

学习动机是学生的学习需要的具体表现。学生的学习需要总是在一定条件下产生的，它反映一定社会和生活环境对学生的要求。社会对学生的要求，在许多情况下是通过家庭和学校教育提出来的。因此，一定的社会环境、家庭和学校教育，都是学生学习动机形成的客观条件。

家庭教育对学生学习动机的形成起着重要作用。初入学的儿童，其学习动机基本上是家长要求的反映。如低年级儿童常说，"是爸爸妈妈叫我来上学的"、"将来像爸爸妈妈一样工作"等等。家长对学生的学习要求，以及家长常以什么样的具体形象来作为学生的学习榜样，不仅影响学习动机的性质，也影响着学习动机的强度。

社会的影响是相当广泛、复杂的。一方面，家庭和学校教育反映了社会的要求；另一方面，社会还通过一定的舆论、制度来影响学生的意向、愿望。报纸、广播、电影、电视、小说等传播媒介随时随地在影响着青少年学生，特别是国家对科学文化的要求、对知识分子的待遇和社会风气，在学生学习动机的形成过程中也有着重要的影响。需要指出的是，随着学生年龄、知识的增长，社会影响对学生学习动机形成所起的作用将越来越大。

学校教育是一种有目的、有计划地对学生施加影响的过程。在一般情况下，学校教育对学生学习动机的形成和发展起着很大的作用。而学校教育又主要是通过教师进行的。因此，教师在学生学习动机形成过程中起着特别重要的作用。一方面，教师以自身严谨的治学态度和对教育事业的献身精神，为学生树立良好的学习榜样；另一方面，教师应根据社会和学校的要求以及学生动机形成的规律，培养和激发学生正确而稳定的学习动机。

需要强调的是，如果家庭、社会的要求与学校教育不一致，则会抵消或破坏学校教育的作用。特别是社会上的不正之风、同伴中小集团成员的坏习惯，也常常阻碍学生形成正确的学习动机。

例如：有人曾追踪调查过一名优秀学生。这位学生的爷爷是位参加过东北抗日救亡运动的老工程师；奶奶是一位受过中等师范教育的退休小学教师；父亲在高中时入党，后考入军工大学，毕业后在部队海军学校任教，"文革"中被下放到地方工厂工作；母亲是20世纪50年代大学毕业、任教多年的中学教师；哥哥的科技小论文曾在市里获奖。亲戚朋友也大都是有强烈事业心和爱国心的工程技术人员。大家每天谈的、做的和要求他的都是"生活需要知识，知识的获得需要学习"。该生从幼儿园、小学到初中遇到了好几位热爱教育事业并且又有丰富经验的老师，他们很重视勤奋学习的教育，所以这个学生的学习需要很强烈。他的学习成绩在年级里一向领先，每次考试差一两分未得满分或附加题有点小错他都会不安。课外，他还练书法、学外语、搞科技实验、阅读科普和文艺方面的书刊，表现出一种极为强烈、永不满足的学习欲望。

2. 学习动机形成的主观因素

学习动机既然是学习的内部动因，那就应该注意到形成学习动机的内部条件，即学习者的个人因素。这些个人因素包括学生的生长成熟与年龄特征、兴趣爱好与意志品质、志向水平、智力发展水平、思想品德等等。

学生的生长成熟与年龄特征是影响学习动机形成的一个重要因素。研究表明，学生在不同年龄阶段，其主导性学习动机是不断发展变化的。总的趋向是，随着年龄和知识经验的增长，世界观逐步形成，与社会要求相适应的动机就会愈来愈占支配地位，并逐渐成为学习的主导性动机。学龄初期的学习动机多制约于一些与学习结果直接相关的具体人和事，如有些学生之所以努力学习，是为了获得父母或亲友的赞扬；有些学生是因为他们喜欢教这门课的老师。一般说来，这个阶段是直接的近景性学习动机起主导作用。在少年期，许多学生已经加入了少先队组织，队员的责任感和集体荣誉感以及学生要在同龄人中取得一定地位等需要，就逐渐成为推动学生学习的巨大动力。

学生的兴趣爱好与意志品质是影响学习动机形成的另一重要因素。认识兴趣强烈的人往往会废寝忘食地去学习他所感兴趣的知识，所以认识兴趣是推动学生学习的最实际的动力。此外，学生的意志品质对学习动机形成的难易和速度也有很大影响。意志坚强的人在正确学习动机和错误学习动机之间发生冲突时，能以理智和客观标准决定取舍。而意志薄弱的人，则往往在动机冲突过程中畏缩不前或干脆放弃学习要求。

学习动机与志向水平变化有紧密联系。志向水平是理想的一部分，是指一个人在进行某项工作之前估计自己通过一定努力能够达到的目标。个人志向水平的高低影响着动机的作用，如同样得到一个"良"的成绩，志向高的学生，由于不满足而将它变成进一步努力学习的动力；志向低的学生则安于现状而感到满足。

另外，学生的智力发展水平、思想品德等因素，都对学习动机的形成产生一定影响。

四、学习动机的外在表现

学习动机是引起和维持学习活动的一种动力，这种动力可以通过学生在学习中的状态表现出来。学习积极性是在学习活动中表现出来的认真、主动、顽强和投入的状态，是学习动机的一种直接的外在表现。有无学习动机和动机的强弱程度都可以通过学习的积极性水平反映出来。

对于学习动机的测量和评价，多数学者采用行为指标（如注意水平、任务的选择、努力的程度、对困难的坚持性等）和学业成绩来进行推断和测量。动机水平高的学生，往往会主动选择具有挑战性的任务，学习更为努力，面临学习困难时，也能够表现出较高的坚持性；而动机水平低的学生可能只满足于完成最基本的学习任务，学习不太努力，面临困难时难以坚持。但需要指出的是，由于学生在课堂学习中的选择机会少，所以任务选择可能并不是测量学习动机的有实用价值的指标。因此，在实际应用中应根据不同的情况加以具体分析和选择。

要想对学生的学习动机进行评价，可以采用直接观察、他人评价和自我报告等方法。直接观察，主要是观察学习者对任务的选择、付出的努力和坚持性等行为特征。该方法客观性较强，但它具有表面性，难以发现隐藏在行为后面的认知过程和情感要素，因此难以充分把握学习动机的实质。他人评价是让教师、家长或研究者根据动机测量的不同指标对学生的学习动机进行评价。这种方法比自我报告的客观性要强，但与直接观察相比，它包含较多的评价者的推论。自我报告是学生自己陈述对其学习动机的评价。自我报告的方式主要有问卷测量、访谈、对话等。问卷法可以较全面地了解学习者的情况，标准化程度较高，可以进行大样本的抽样调查，并得出一般性结论。自我报告的主观性较强，难以深入揭示某些深层次的问题。

美国学者斯迪帕克（Stipek，1998）认为，教师应经常通过观察来有意识地识别学生可能存在的动机问题。以下是他提出的教师应该经常对学生进行观察的方面：

- 能够将注意力集中在教师身上。

- 能迅速开始学习活动。

- 遵循任务的指令。

- 能集中注意力直到完成任务。

- 按时上交作业。

- 坚持完成看上去较难的任务，而不是放弃。

- 能独立自主地学习。

- 课堂上主动回答问题。

- 测验成绩能够反映平时作业所体现的技能水平。

- 需要别人帮助时会主动求助。

- 遇到错误或困难时不灰心。

- 喜欢挑战性的工作。

- 全身心投入学习活动。

通过考查上述问题，教师可以对学生的学习动机状况有一个较全面的了解，从而在学生的学习过程中合理有效地培养学习动机，让学生逐步热爱学习。

第二节　学习动机在学习中的作用

一、学习动机的重要性

有这样一则案例：

李明今年15岁，9月原本应该升入初二，但家长怕孩子跟不上，主动向校方提出想重新读初一，现确定留级。

在平时的考试中，英语多半不及格，数学在及格边缘徘徊，语文

我不想上学了，你也走吧！

刚超过及格线，李明的小学一到三年级是在武汉学习，从四年级下半学期到上海之后才开始正式学习英语，所以英语基础很薄弱，没有耐心背单词，往往花很多时间却没有效果。在上课时常常会注意力不集中，做题粗心，想问题只看表面，学习没有主动性和自觉性，玩心重，喜欢玩电脑游戏，如赛尔号。孩子思想单纯，行为叛逆，不懂得承担责任，熟悉之后会比较调皮。

爸爸经常出差，一般都是妈妈照顾他，孩子和爸爸的关系特别不好，父母都是习惯批评孩子，会逼迫孩子去学习，初一这一年孩子变化很大，家长以前尝试过很多办法想改变孩子，但是屡屡失败，爸爸已经放弃孩子的学习了。

目前，中学生普遍存在这样一个不正确心理：学习是为了完成父母和老师的任务。孩子错误的认识，认为学习是为了完成父母和老师的任务。同时，由于从小学升入初中后学习内容的加深，学习竞争的加剧，学生依靠自身能力无法达到自己期待的目标和父母的要求后，由焦虑导致厌学。因为还没有适应中学的学习环境，成绩快速下降，为了证明自己，他肯定也努力过，但是因为缺乏正确的学习方法和良好的学习习惯，成绩老上不去，产生了习得性无力感，于是在悲观失望中产生厌学情绪。对学习失去兴趣和信心，认为自己根本不是学习的料，出现注意力涣散，上课不认真听讲，学习效率低下等情况。导致这一系列不良反应的根本原因在于，学生没有一个积极良好的学习动机。

二、学习动机的类型

学生在学习活动中的动机多种多样，其作用的方式和影响大小也有区别，可以从不同的角度来加以划分。了解不同的动机类型和特点，可以帮助教师更好地采用各种有效的策略来调动学生的学习动机。

1. 内部动机和外部动机

根据学习动机的动力来源，可以将其分为内部（或内在）动机和外部（或外在）动机。

内部动机是指由个体的内在需要引起的动机。内部动机来自个人的心理需要（如自主、胜任、归属等）、好奇心和兴趣等。当学生的学习是由内部动机激发的时候，他们出于兴趣而行动，或者是为了接受任务和活动本身提供的挑战。这种行为自发地出现，不是为了任何外在的理由。如学生自发地选择自己喜欢的课外书阅读，是由内部动机引发的行为。

外部动机是指由外部诱因和后果所引起的动机，与活动本身无关。如学生为了得到老师的表扬或父母的奖励而努力学习，他们从事学习活动的动机不在学习任务本身，而是在学习活动之外。

由内部动机和外部动机激发的行为看起来十分相似，本质的区别在于动力来源不同。内部动机来自个体的心理需要，外部动机来自外界环境的激励。研究表明，内部动机可以促使学生有效地进行学习活动，具有内部动机的学生渴望获得有关的知识经验，具有自主性、自发性。具有外部动机的学生其学习具有诱发性、被动性，他们对学习内容本身的兴趣较低。

需要明确的是，学习的内部动机具有诸多优势，但外部动机作用也不容忽视。毕竟不是所有学习内容都有很强的吸引力，也不是所有学生对学习都有浓厚的兴趣。

因此，我们在教育过程中强调内部学习动机，但也要重视外部学习动机的作用。教师一方面应逐渐使外部动机作用转化成为内部动机作用，另一方面又应利用外部动机作用使学生已经形成的内部动机作用处于持续的激起状态。

2. 一般学习动机与具体学习动机

根据学习动机起作用的范围不同，可以将学习动机分为一般学习动机与具体学习动机。

一般学习动机是在许多学习活动中表现出来的比较稳定而持久的动机。这类动机贯穿于学校生活的始终，甚至在以后的工作中或一生都具有这类动机。该类动机广泛存在于许多活动中，表现在对不同科目、不同课题、不同内容的学习都具有强烈的动机。一般学习动机与学习者的价值观念和性格特征密切相连，因而也称为性格动机，具有高度的稳定性。具有这种学习动机的学生，即使在缺乏吸引力的课堂中也能认真努力学习，是真正爱学习的人。

具体学习动机是在某一具体学习活动中表现出来的动机。受这种动机支配的学生，常常只对某一门或某几门学科感兴趣，而对其他学习内容则没有太多的兴趣。这类动机主要受到外界情境因素的影响，因而也称为情境动机，其作用是暂时的、不稳定的。具体学习动机多半是在学习过程中因学业成败、师生关系或其他因素的影响而逐渐养成的。例如，某些偏科的学生，由于只对某些功课感兴趣，而且这些功课能够取得好成绩，因此往往在课程的学习中表现出厚此薄彼的态度。有的学生在课堂内容有趣时才有学习的动机，否则就提不起精神。还有的学生因为喜欢某个老师而喜欢某门课程，一旦换了老师，就未必能够保持同样的学习兴趣。

3. 认知的动机、附属的动机和自我提高的动机

美国心理学家奥苏伯尔提出了三种常见的学习动机类型：

认知的动机即试图获取知识、阐明问题和解决问题的动机。它直接指向学习本身，并以获得知识、解决问题为满足。认知的动机是最稳定的一种学习动机，好奇心是该类动机的一种典型的表现。

附属的动机即为了赢得他人（如教师、父母、同辈等）的赞许、认可或接纳而努力学习的动机。这种动机并不直接指向学习本身，而是把学习作为赢得某种赞许、认可的手段，是一种间接学习动机。虽然这种动机的初衷不是为了学习，但其结果恰恰达到了学习的目的。因此，附属的动机也是可以利用的一种学习动机。

自我提高的动机是通过取得好的学习成绩而获得相应地位以及提升自我价值的动机。该种动机与附属的动机类似，也是直接指向学习本身的，而且是通过学习来取得好成绩，最终使自己超过别人，证明自己的能力。这种动机也是一种间接的学习动机。

4. 表面型动机、深层型动机和成就型动机

根据学习行为的特殊性，有人将学习动机分为表面型动机、深层型动机和成就型动机。

表面型动机是指学生为了应付检查、考试及格而进行学习的动机。在这种动机的推动下，学生可能会采取一些应付的、肤浅的、消极的、被动的学习方法，自我监控学习行为较少。

深层型动机是指学生对所学内容有内在的兴趣，为了掌握知识而进行学习的动机。在这种动机作用下，学生可能会采取一些主动性的学习方法，自我监控学习行为较多。

成就型动机是指为了获得高分或表扬而进行学习的动机。在该动机推动下的学习行为较多地受外界评价的影响，特别是受老师和家长所提倡、推崇的做法的影响，与自我监控学习行为及水平有着必然或直接的关系。

三、学生的动机状态

学生不喜欢学习，对学习的积极性不高，是否真的缺乏学习动机？厌学只是表面现象，原因可能是多种多样的。学生存在的动机问题既可能是比较普遍的，也可能是个体特有的。不同年龄段的学生，其动机问题会有差异。不同学业成绩的学生，其动机问题也会有所区别。作为教师，需要深入了解学生的学习状态，透过表面现象找出学生的症结所在。

1. 学习中缺少成功的体验

现实教育中，有些学生的学习成绩总是不尽如人意，他们在学校中没有机会担任班干部，也很少有机会参与一些重要活动，总是与各种奖励和荣誉无缘。从个体方面来说，学生的能力水平、学习方法、努力程度或知识基础等是影响他们学业成绩的重要因素；从客观环境来说，激烈的竞争、单一的唯分数至上的评价标准等，使得一些学生很少能够体验到成就感。无论是在家庭或学校，他们得到的表扬和奖励少，遭到的批评和惩罚多，因而常常成为学校中的失败者或低成就者。成功是激励学生努力上进的重要因素，很少有机会体验到成功的学生久而久之就会对学习失去兴趣。

对于低年级学生来说，绝大多数学生渴望获得知识，对自己是比较自信的，但由于尚未适应正规的学校生活，因此，可能会表现出注意力不集中、不喜欢被课堂约束、不能按时完成作业、成绩不理想等问题。如果教师和家长不能及时给予有效的帮助，一些学生就会渐渐成为所谓的失败者，表现出更多的动机问题。

2. 对学习的价值缺少认同

儿童早期，许多孩子对知识的好奇心都比较强烈，他们在学习和探究周围事物的过程中能够获得快乐，能够感受到学习的价值。然而随着年龄的增长和认知水平的提高，一些学生开始对学习持怀疑的态度，他们不知道学习究竟是为了什么，也没有太多的机会去深刻领悟和感受所学知识的价值，无法将书本知识的学习和自己的未来生活联系起来。在他们看来，学习就是为了考试、升学，为了满足家长和老师的需求，许多时光都浪费在学习一些无用的东西和做一些无意义的事情上。枯燥的学习内容，繁重的课业负担，日复一日的单调生活，加上缺少对学习内在价值的认同和感悟，使他们对学习产生了倦怠。

3. 对学习缺乏真正的兴趣

有些学生看似没有任何动机问题，他们上课认真听讲，按时完成作业，考试前用心复习，成绩也不错，有的甚至是老师和家长的"宠儿"，但是他们从内心深处并不喜欢学习，对学习缺乏真正的兴趣。问及其学习的理由，回答大多是家长和老师要求自己这样做，为了让家长和老师满意，学习是身不由己的事情。为了达到父母的要求，初中生努力学习以考上重点中学，高中生努力学习以考上大学。上大学的目的是什么，有些学生的答案竟然是：别人都上我也要上，父母希望我上。因此一些学生一旦达到目标，进入大学校园就开始彻底放松，有的甚至因为达不到要求而被勒令退学。如果对学习缺乏真正的兴趣，学习的动力就不会持久；如果学习只是满足某种外在要求的手段，学生在学习中就难以体验到学习的快乐，这对学生的长远发展是不利的。

4. 对自己缺乏信心，害怕失败

有些学生对自己缺乏信心，面对困难时总认为自己没有能力克服，因此不战而退。面对失败时，他们习惯于将失败归因为自己的能力不足，而将成功归因于运气、题目简单等。这种消极的归因使学生对自己缺乏信心，在失败面前丧失信心，因而阻碍了学生的努力。

还有一些学生不愿付出努力，原因就在于当他们付出了极大的努力而仍然失败时，学生不仅会感到羞愧痛苦，而且可能会因为自己的能力不如别人而丧失自尊和自信。相反，如果未经努力而遭到失败，心理上纵然失望，但挫折感反而比较低，而且自己还可以用"没有努力"的借口来安慰自己。在充满竞争的学习环境中，这种自我保护的动机在学生中非常普遍。

5. 在学校中未能获得尊重和认可

一些学生因为学习成绩或个性等方面的原因，在学校或班里缺少朋友，被同学孤立或排斥，在团体中缺少归属感，不受老师的欢迎，甚至师生关系紧张，这些都会影响到学生的学习状态。

总之，学生缺乏动机或动力不足，其行为表现背后会隐藏着深层的原因，有的是单方面的原因，有的是多种原因同时并存。教师需要深入了解学生的学习状态，认真分析他们存在的问题，从而有的放矢，激发和调动学生的学习动机。具体来说，教师需要完成以下工作：

首先，系统地观察学生的行为。教师需要认真观察、记录学生在不同情境下、不同学科以及不同任务下的表现，观察学生的情绪反应，比如：完成学习任务、学习中有突破时，是否会微笑、兴奋或大叫，取得成就后是否自豪，是否在学习中经常表现出抑郁、烦躁或焦虑等情绪，回答问题出错时是否觉得尴尬或羞耻。

其次，鉴别学生的动机问题，对症下药。

四、学习动机的作用

学习动机的作用是指在学习活动的开始、进行和完成的全过程中，与学习动机有关的各因素的作用及其相互关系，以及学习效果对学习动机、学习活动的反馈作用。

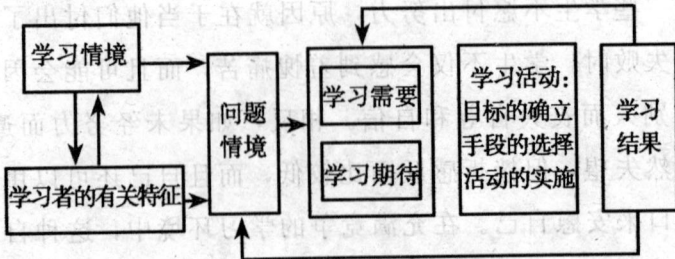

```
学习情境 ──→ ┌──┐   ┌──────┐ 学习活动：  ┌──┐
            问题  学习需要  目标的确立  学习
            情境  ────────  手段的选择  结果
            └──┘  学习期待  活动的实施  └──┘
学习者的有关特征 ──→
```

不同的学生具有不同的学习动机，而那些具有良好的、适应性动机模式的学生可以充分发挥动机的促进作用。从中学的实际教学活动来看，学习动机对学生的学习与行为的作用主要表现在以下几个方面：

1. 启动功能

在中学教学过程中，自主学习是以学生为中心，它是一种主动而非被动的学习，学习效果如何，主要取决于学生的学习自觉性和积极性。而学习动机是引发学生学习行为的内驱力，它可以激发学生产生强烈的求知欲、高涨的学习热情、巨大的学习主动性，驱使学生积极采取一系列学习行为去接受信息，并对知识进行有意义建构。

2. 导向功能

目前，中学教师在日常的教学活动中，不断引导学生对学习的各种资源、媒体和手段做出自主选择，相对独立地开展学习活动。然而，面对丰富的教育教学信息，学生容易迷茫困惑、无所适从。而学习动机犹如指南针，能将学生的学习行为引向一定的学习目标，从纷繁复杂的信息中选择有意义的信息，避免无关信息，摒除对目标实现不利的行为，采取有意义的学习行为，直到实现学习目标。

通常，具有某种动机的个体经常自己设定某种目标，并使自己的行为朝向这些目标。学习动机促使学生在学习过程中为达到某一个特定的学习目标而努力，影响学习做出某种选择，比如是玩游戏还是做功课。学习动机决定了学生在学习活动中所投入的努力、热情的多少，往往动机越强，努力越大，学习热情就越高。

3. 维持和监督功能

在中学生日常的学习活动中，如何能够更加合理高效地完成学习任务，就需要学生根据自己的学习能力、学习任务，积极主动地调整学习策略，对学生的自我监督、自我调节、自我控制的意识和能力都要求颇高。倘若学生的学习动机强度小，极易半途而废，失败气馁。而强烈的学习动机可以驱使学生严格自律，积极调控学习行为，服从社会发展和自我发展的需要，自觉制订学习目标、拟订学习计划、选择学习方法、战胜学习困难、完成学习任务，从而逐渐地热爱学习。

第三节　学习动机的激发与培养

学习动机是学生学习活动的根本动力，它极大地影响和制约着学生的学习效果和学习积极性。在中学教学活动中，教师会遇到各种各样的问题。

例如：有些学生在学习中为避免过多地失败，而不愿意去主动尝试；有些学生虽然智商不差，但在学习的主动性、积极性方面却存在

着很大的不足；另外，一些学生由于过度焦虑而不能将注意力集中于所学知识上，从而使学习成绩下降等等。以上这些问题都可以归结为学习动机问题。

学习动机正是直接推动学生进行学习的一种内部动力，是激励和引导学生进行学习的一种需要。正如布鲁纳所说："学习是一个主动过程，对于学习最好的激发乃是对所学材料的需要。"可见，培养与激发学生的学习动机至关重要。

一、如何激发学生的学习动机

1. 学校方面

首先要狠抓学校管理，搞好校风建设。学校的主要任务在于给学生提供一个良好的学习环境，这不但要求要在硬件设施上，而且要在软件上狠下工夫。一方面要为学生创造一个美丽、幽雅、舒适的学习生活场所，另一方面要围绕着学风建设这个中心任务，严格把握好每一层工作的开展。在良好的硬件设施和严格管理的基础上，还可以通过适当的学习竞赛活动、评优活动、文娱活动进一步激发学生的学习动机，建立一种团结友爱、积极进取的良好学习氛围。

教师，尤其是班主任应该把激发学习动机作为一项重要工作来抓。

作为班主任来说，除了要把班级管理得井井有条以外，更重要的是要加强对学生的理想和学习目的的教育，培养学生的成就动机，激发内部学习动机，增强学生学习的自主性。在具体的学科教学中，教师也要使学生始终明白自己的学习目标是什么，并及时反馈学习结果，对学习结果做出恰当的评价，鞭策学生发奋学习。另外所有教师都要不断提升自己的业务水平，提高自身的素质，及时更新教学内容，改革教学方法，才能更进一步激发学生的学习热情。最容易挫伤学生学习动机的是教师的偏爱和过分的指责，最容易激发学生动机的是教师的表扬和积极的期望以及学习成就感。过多的消极批评会导致学生失去交流的欲望，丧失学习的兴趣和信心。但也不能进行过多的表扬，这样会导致学生忽视错误的存在，造成错误沉积。所以教师要合理恰当地对中学生进行鼓励及批评，最大限度地激发学生的学习动机。

2. 家长方面

作为家长，首先要努力为孩子营造一个良好的学习环境和一个温暖和谐的家庭氛围。孩子的学习场所一定要尽量安静、舒适。因为吵闹、混乱的学习场所往往会使他们无法集中精力读书，更不要说在这种环境中会产生良好的学习动机。当然物质条件的满足并不是最主要的，关键是家庭的温暖和关心以及家长积极的期望，这一点对于孩子来说尤其重要。家庭不和或离异会在孩子的心里产生不可磨灭的阴影，使孩子失去家庭的温暖和安全感，结果往往导致孩子厌学、逃学，对学习失去兴趣，以此间接表达了对父母的反抗。所以为了孩子着想，请父母们不要轻易离婚，也不要轻易闹矛盾。

另外，在教育方式上，父母要尽量做到民主。对孩子的要求要做到不松不紧，有张有弛。对孩子的期望要切合实际，千万不能把自己的意志强加在孩子的身上，要尊重孩子的正确选择。在评价孩子的学习结果时，父母应该在严格要求的基础上，多给予肯定的评价，千万不能把眼光盯着分数不放，要看到孩子的哪怕有一点点的进步。特别是对于那些学习效果不佳的孩子，不能单一地用分数去评价他们的智力和能力。要善于发现孩子的长处，循循善诱地激发孩子的学习兴趣。对孩子的失败要进行正确的引导，不能只顾着指责他们，要帮他们分析失败的原因，找出解决问题的方法，树立孩子的自信心，引发他们更加努力地学习。在孩子取得成功时，要告诫孩子不能骄傲自满；同时奖励孩子时，要把物质奖励与精神奖励结合起来，不要总是用金钱和许诺来刺激孩子的学习动机，这样会削弱孩子学习的自主性。正确的做法应该是告诉孩子为什么要读书，帮助孩子树立远大的理想与抱负。

3. 社会方面

社会因素对学习动机的影响也是不容忽视的。面对各种不良的社会因素，我们要怎样正确引导学生形成良好的学习动机呢？对于中学生来说，首先要防止社会上的一些不良风气对学习的影响。中学生由于价值观还未形成，很难分辨是与非，好与坏，所以很容易与一些不正当的社会小流氓混在一起，从而对学习失去了兴趣；也容易受一些不良书籍、电视节目的影响，有的甚至模仿书中的犯罪和暴力事件，从而走向了堕落。所以我们应该一起行动起来，严厉打击流氓犯罪分子，让我们的学生少目睹一些这样的现象；同时杜绝那些色情暴力书籍、电视节目，澄清我们的文化市场。对于中学生来说，我们还要预防传统的应试教育产生的弊端，吸取西方先进的教育思想，进行教育改革，努力为想学习的学生提供继续学习的机会，打破用分数一刀切的现象，采用多标准评价方式，抓好素质教育。

二、有效培养学生的学习动机

1. 设置学习目标，提出恰当要求

在中学教学过程中，教师不能只给学生一些如"努力学习"等抽象的建议，而要给学生提供明确而具体的目标以及达到目标的方法。要让学生知道学习对他们来说是有意义的，让他们知道从学习中将学到什么，教学生如何达到该目标，并针对学生的目标提出具体的要求。"没有要求就没有方向，就没有教育。"但要求必须从实际出发，要恰当。

有这样一个故事：

子路和冉有两人先后问孔子相同的问题，可是孔子做了不同的回答。孔子的学生见了很奇怪，问孔子为什么这样做。孔子说，因为冉有平日胆小怕事，所以就鼓励他积极去做；而子路过于胆大莽撞，则要求他慎重一点，与父兄商量好再去做。

因此，中学教师在教学中应根据教育心理学理论，制订出分年级、分阶段、分层次的计划，提出具体的要求。例如在教学生写作文时，对于写作功底好的学生，则要求他们从立意、布局上有一定高度；中等生则要求达到写作的一般要求；差生则要求在某一方面有进步。

2. 培养成功感，增强学生自信心

心理学研究表明，学生的学习需要有自信。近代教育家俞子夷说："要有自信，一定要有过成功的体验，常常做错，常常受责，只有失败，永无成功，怎能自信呢？"学习成绩差的学生，学习上很少取得成功，很少得到心理上的满足和乐趣。而且由于总是失败，得到得多是教师的批评，家长的指责，同学的冷遇，久而久之，这部分学生便失去了学习的兴趣，对学习产生厌烦心理。如果在学生学习过程中，教师能够帮助他们取得一点儿成绩，让他们看到自己的闪光点，哪怕是很微小的闪光点，并给予鼓励和表扬，那么就会为他们带来成功的体验和欢乐，这就有可能成为他们学习的转折点。

如果由于成功而受到鼓励和表扬，就更加强了这种感受，并会产生继续追求满足的需要，从而产生进一步学习的兴趣和动机。

有这样一则案例：

班上有一位名叫刘宇的学生，开始语文成绩较差，一次检查作业中，他字写得好，老师当众表扬了他，后来，他端正学习态度，学习成绩提高很快，最后以优异的成绩考上了重点高中。

3. 注重师生情感教学，增强感召力

在中学教学过程中，往往教师关心爱护学生，并对学生寄予希望，学生就愿意接近教师，乐于接受老师的教导，进步就快；反之，师生关系疏远，甚至对立，进步就慢。师爱的这种情感力量是激发学生学习动机的动力。

俗话说，人非草木，孰能无情。在教学实践中，若师生双方心意相通，便容易完成教学目标；若双方情感交流发生阻碍，那么知识交流也会受到影响。可亲才可信，才会出现"亲其师，信其道"的教育效应。一个忠诚于党的教育事业，尊重、爱护和关心学生成长，具有广博精深的学问和较高道德素养的教师，必然使学生产生亲近感和仰慕心理，进而教学活动才会更加顺利有效地开展，才能够使学生在学习过程中更加喜欢学习、热爱学习。

4. 利用原有动机的迁移，使学生产生学习的需要

在教学实践活动中，教师能够在学生缺乏学习动力时，将该生对其他活动的积极性迁移到学习活动中，从而使学生产生对学习的需要，这是培养后进生学习动机的成功经验。有时后进生似乎什么长处都没有，老师就要用极大的爱心去发现学生身上的发光点，利用对该点的发扬光大，迁移到学习上。

有这样一则案例：

班上有位男生对学习文化课没有兴趣，上课时无精打采，但足球踢得很好。教师就利用他在足球上的兴趣和"成就"，通过询问足球的发展史，踢足球对身体的锻炼等方面的问题，引导他既爱踢足球，又把兴趣转移到学习上来，使他产生了较浓的学习兴趣和积极的学习动机，最后考上了高中。

三、合理维护学生的学习动机

1. 奖励和惩罚对学习的影响

在对学生进行评价时，奖励和惩罚对于学生动机的激发和培养具有不同的作用。一般而言，表扬与奖励比批评与指责能更有效地激发学生的学习动机，因为前者能使学生获得成就感，增强自信心，而后者恰恰起到相反的作用。

在中学教学过程中，对学生的学习结果进行合理恰当的评价，能激发学生的学习动机，对学习有促进作用；适当表扬的效果优于批评，

所以在教学中要给予学生表扬而非批评。

2. 有效地进行表扬和奖励

虽然表扬和奖励对学习具有促进作用，但使用过多或者使用不当，也会产生消极作用。有许多研究表明，如果滥用外部奖励，不仅不能促进学习，而且可能破坏学生的内在动机。但是，如果任务能提高个体的自我效能或自我价值感，则外在奖励不会影响内部动机。外部强化物究竟是提高还是降低内部动机，这取决于学生个体自身的感受与看法。

因此，在中学教学过程中，教师在对学生进行表扬和奖励时应该注意以下几点内容：

①表扬应针对学生的良性行为；

②教师应明确学生的何种行为值得表扬，应强调值得表扬的那种行为；

③表扬应真诚，体现教师对学生成就的关心；

④表扬应具有这样的意义，即如果学生投入适当的努力，则将来很有可能成功；

⑤表扬应传递这样的信息，即学生努力并受到表扬，是因为他们喜欢这项任务，并想要形成有关的能力。

但事实上，有效地进行表扬也确实不是一件容易的事。在课堂中有大量的表扬没有针对学生的正确行为，而经常给予了那些不值得表扬的行为，或者当学生有进步、值得表扬时，却未能得到表扬。有时，在竞争情境中，某些学生似乎永远得不到表扬，久而久之就会失去对学习的兴趣。另外，表扬是否具有内在价值，即是否为学生所期望所看重，这都影响着表扬的效用。因此，如何适时地、恰当地给予表扬应引起高度重视。教师应根据学生的具体情况进行奖励，把奖励看成某种隐含着成功的信息，其本身并无价值，只是用它来吸引学生的注意力，促使学生由外部动机向内部动机转化，对信息任务本身产生兴趣。同时，对于那些在竞争中处于劣势的个体而言，教师应给予更多的关注与鼓励，设置情境使其有成功的体验，以免产生自暴自弃的心理。

第四节　优秀学生的动机调动策略

目前，学业成绩依然是评价和考核学生学习优异的主要目标，在这样的教育背景下，追求高分就成为许多家长、教师和学生的主要目标。学优生成绩优异，自然成为了学校重点培养的对象，教师和家长自然也对他们报以很高的期望。然而，在中学教学过程中，高分背后却隐藏着许多不可忽视的问题，如学生的挫折承受力差；很难容忍别人的成就，嫉妒心强；容易骄傲自满等等。因此，怎样合理地调动学优生的学习动机，让学生正确对待挫折和失败，并不断保持学习的热情是教育工作者面临的重要问题。

一、学优生的动机问题

1. 外部动机为主导

学习动机可以分为内部动机和外部动机，以内部动机为主导的学生，更容易对学习有持久的兴趣，并重视学习过程，在学习中表现出更大的自主性。外部动机在激发学生的学习动力方面也具有积极的意义，如不少同学为了获得老师和家长的表扬、奖励而努力学习。外部动机本身无可厚非，但是如果学生过分重视外部动机，如有的学生把分数看得至关重要，高分数成了他们追求的唯一目标，这样就会带来负面的影响。

一些学优生在学习中非常努力，有明确的学习目标，遇到困难能够努力克服，因此，教师往往会忽略他们的问题。如某些学优生的学习动力来自希望获得家长、教师、同学的认可，希望得到外界的奖励，希望超越别人，出人头地。如果从成就目标的角度来看，他们追求的是表现目标，一方面希望证明自己的能力比别人强，同时也希望避免比别人差。表现趋向目标有积极的意义，和学生的学习成绩相关，但容易形成表现回避目标，即避免在别人面前显得自己能力低或水平差。如有的好学生害怕在课堂上发言，因为他们担心如果说错了，老师和同学会笑话自己。

外部动机为主导，会使学生的学习为外界力量所控制。有些学优生为了分数而斤斤计较，成为分数和荣誉的奴隶。当这些需要得到满足时就会沾沾自喜，而一旦得不到满足就会大失所望，情绪低落。为了超过别人，一些学优生会表现出一些消极甚至不道德的行为。如有的学生不愿帮助别人，唯恐他人超过自己；看到有价值的参考书不愿和同学分享，甚至藏起来；别人学习时故意显出自己贪玩的样子，甚至诱惑别人不去学习等。这些消极的心态和行为会对学生的健康成长造成十分不利的影响。

2. 害怕失败

心理学研究表明，学习动机强度与学习效果呈"倒 U"型关系，即过高或过低的学习动机都不会取得好的学习效果，中等强度的学习动机才能取得最佳的学习效果。一个人没有学习愿望不行，而学习愿望太强烈也不行。

学习优秀的学生由于成绩优越，家长、教师都对他们抱有很高的期望，学生本人也对自己抱有很高的期望，他们希望不断保持优越感，希望永远能出人头地，受到别人的关注、欣赏和肯定。因此，有些学习优秀的学生往往会表现出过强的学习动机，追求完美，不能容忍自己考试成绩不理想。虽然这种强烈的学习动机会激发他们在学习中更加努力，但是也容易引发一系列消极的情绪反应和行为。

学习优秀的学生在积极追求成功的同时，也在竭力避免失败的发生，因此，他们很难承受出乎个人意料之外的差分数，害怕被人看不起。如有的学生在课上回答问题时出了错，引起同学的哄堂大笑，之后再也不愿当众发言，只在有绝对把握的情况下才举手发言。还有的学生在失败后耿耿于怀，甚至对他人怀有敌意。如果那些平时不如自己的人超过了自己，他们就会心理失衡，难以接受现实。

害怕失败致使一些学优生不愿意选择那些具有挑战性的学习任务，学习中采取的策略主要是为了获得高分。

3. 压力过大

前面讲过，外界的压力必须转化为学生的内在动力才能发挥作用。每个学生都不同程度地担负着学业的压力。但对某些学优生来说，家庭、学校给予他们很高的期望，希望他们能够取得优异的成绩，这些学生对自我的期望也很高，因此，他们往往承受着较大的学业压力，他们学习不仅仅是为了自己，还为了满足家长、老师的期望。

压力过大导致学优生在面临考试或考试结束后情绪高度紧张，每年都有一些平时学习成绩优秀的学生在中考中因为过分紧张而未能发挥出最佳水平。还有些学优生担心成绩公布出来会出乎意料，担心考不好无法交代。研究表明，适度焦虑对于提高学生的学习效率是最佳的，如果焦虑过度，就会影响学业成绩。

4. 归因偏差

对于能力和努力的关系，一些学优生存在不合理的信念。他们认为，努力意味着低能力，也就是说，如果一个人努力学习，别人就会认为他能为差。因此，虽然学优生也在努力，但他们不愿承认取得成

绩是努力的结果，而是过分强调自身的能力。一些学生不仅不愿承认自己的努力，甚至回避在别人面前表现出努力的行为。如有的学优生总在同学面前说自己很少在学习上下工夫，或者在同学面前表现出自己不用功的样子。他们通过这种方式来提升自我价值。在面临失败时，有些学生会归因为题目的难度、教师的评分或其他不可控的因素，以避免显示出自己的能力低。

二、学优生学习动机的引导

针对以上所提的某些学习优秀学生在学习动机方面存在的现实问题，教师需要有意识地进行引导和教育，注意学生健全人格的培养，关注学生的心理健康，从而帮助他们成为真正的优秀学生。

1. 帮助学生树立正确的学习动机

学生努力学习以获得高分、赢得别人的赞誉、超越他人等无可厚非，但是片面追求外在奖励，成为分数和荣誉的奴隶，会带来许多负面的影响。因此，对于以外部学习动机为主导的学生，在肯定他们的努力和学业成绩的同时，要引导他们正确看待分数，把追求荣誉和奖励的动力内化为对成功、对求知的真正热爱；引导他们学会享受解决问题的乐趣，培养他们对学科的兴趣和求知欲；引导他们关注学习过程本身，体验学习活动自身带来的成就感和愉悦体验。

对于以表现趋向目标和表现回避目标为主的学优生，要引导他们关注对知识、技能的真正掌握，关注学习过程本身，帮助他们认识到表现回避目标的消极后果，采取更具适应性的动机模式。为此，教师在课堂结构的营造方面，要突出学习过程的重要性，鼓励学生与自己作比较，鼓励他们进行自我强化，让他们感受学习本身带来的乐趣。

2. 引导学生从失败中学习

失败乃成功之母。对于那些竭力回避失败的学生，教师要积极引导他们，帮助他们合理地看待失败。优秀的学生在考试成绩不理想时，往往会有强烈的情绪反应，针对这种情况，教师首先要理解他们的感受，并进行耐心细致的引导，要了解学生出错的原因，鼓励学生从错误中学习、进步。其次，要让学生认识到错误是学习的一部分，任何人都不可能永远成功，引导学生学会接受现实的不完美。

有时候，教师自身也很难接受学生出现意外的情况。如有的学生一贯成绩优异，考试突然出现了意外，教师会找家长谈话，跟学生谈心，表现出太多的关注。虽然教师的初衷是好的，担心学生会有退步，但无形中会给学生带来很大的压力，学生会认为教师希望自己只能成功不能失败。

教师需要营造和谐、安全的课堂氛围，鼓励学生畅所欲言，鼓励学生敢于冒风险，鼓励学生的创造性。如在课堂提问时，即使学生答错了，甚至答案很可笑，教师也要注意自己的言语和行为反应，注意保护学生的自尊心。

3. 帮助学生建立对成功的合理信念

对于那些担心别人说自己用功的学生来说，教师要积极地引导他们形成对努力的合理信念。能力固然重要，但是努力必不可少。通过大量的事例、教师的示范、说服教育等方法，引导学生认识到个人努力对于成功的必要性和重要性。

在对失败的归因上，教师需要针对学生的具体情况，客观分析学生失败的原因。对于那些面临失败时喜欢推卸责任或寻找借口的学优生，教师要引导他们合理地看待失败，全面认识问题。

4. 合理利用强化和惩罚

对于学习优秀的学生，教师应该给予他们更具挑战性的任务，不要频繁地滥用表扬和奖励。有的老师让学习优秀的学生承担过多的班级管理工作，作为对他们的信任和奖励，但是因为学优生获得的机会太多，有些学生已经视为理所当然，甚至觉得是一种负担，因而老师给予奖励也很难起到应有的作用。

对于学优生，不仅要关注他们的学习成绩，更要肯定和赞赏他们对学习的态度、热情和兴趣。鼓励学生关注学习过程本身，并关注自身的进步和提高。

第五节　调动学业不良学生的动机

在中学实际教育过程中，教师面对的学生千差万别，风格迥异。学生的智力水平、个性特点、学习习惯和动机水平存在很大差异，学业困难的学生和学习优秀的学生是两个不同的群体，他们在某些心理特点和行为表现方面呈现出显著的差异。对待这些学生，教师能够最大限度地激发和调动学生学习的积极性，让这些学生重新热爱学习将会是一件意义重大的工作。

一、学业不良学生的界定及类型

鉴别学业不良学生有三条主要标准，即无中枢神经系统（即脑）功能的问题、智力正常、学业成就低下。中枢神经系统功能异常是引发注意障碍、阅读障碍等各种学习障碍的根本原因。因此，如果某个学生脑功能和智力均正常，但是学习成绩低下，难以达到国家规定的教学大纲的要求，则可以推断其学习不良的原因是智力和脑功能之外的其他因素（比如学业基础、认知技能、学习动机、个性等）所致，那么，可以认为这个学生就是学业不良者。

一些人误以为成绩差的学生智力水平落后，其实不然。学业不良的学生智力处于正常水平，有些甚至还高于一般学生。个别学生智力水平偏低，但都是在正常范围，与弱智的学生有本质的不同。弱智学生大脑存在器质性病变，伴随终生，并因为智力受损而无法更好地适应社会，而学业不良学生不存在这样的问题。

导致学业不良的原因很复杂，其表现方式也多样化。有的学生虽然成绩差，但一直在努力，学习态度端正，学习主动性也比较强；有的学生学习态度不端正，学习习惯差，成绩也差；有的学生在所有功课上都比较差，而有的学生只在某门功课上成绩较差。有的学生成绩差可能是单方面的原因造成的，有的是多方面因素导致的。通常来说，学业不良学生可以分为三类。

· 动力型

这类学生的认知水平与其他学生没有差异，甚至还很聪明，但是对学习缺乏兴趣，成就动机水平比较低。

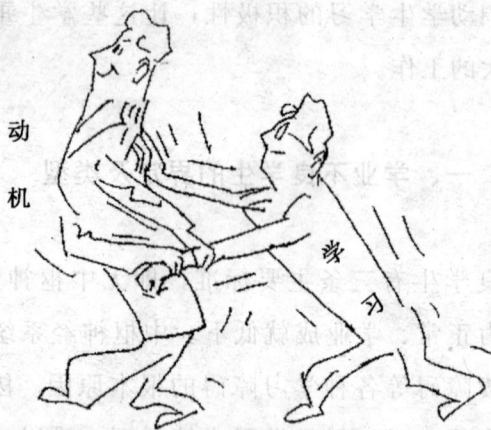

他们对学习缺乏热情，甚至产生倦怠情绪。造成学生学习动力不足或缺失的原因是多方面的，既有家庭教育、学校环境的影响，也有学生本人的原因。动力缺失或动力不足导致学生在学习中主动性差，不愿付出努力，不愿面对困难，进而导致学习成绩差。而学习成绩差，很少获得成功的体验又会进一步降低其学习动力，由此形成恶性循环。

· 认知型

这类学生学业成绩差的主要原因在于接受能力比较低，存在学习策略和认知技能方面的问题。他们有上进心，并愿意付出努力，而且有的学生还很刻苦，但成绩总是不理想。主要原因是没有掌握科学的学习方法，缺乏有效的学习策略。

·综合型

这类学生既有学习动机方面的问题，还有其他方面的原因，如学习习惯不好、学习策略和方法较差、注意力不集中、性格懒散、自制力差等。有的学生学习态度不端正，没有养成良好的学习习惯，上课走神，再加上缺乏有效的学习方法，结果导致学业成绩不佳。

二、学业不良学生的动机问题

研究表明，学业不良学生的动机问题往往比较突出，动机水平低是影响学业成绩的重要因素。而学习成绩落后又会进一步影响其学习动力，导致恶性循环。

1. 学习兴趣水平低

不少学业不良学生对学习缺乏兴趣，或兴趣水平低。兴趣的形成受多方面因素的影响。有些学生刚入学时对知识充满了好奇，但由于学习习惯、学习方法、认知水平的制约，导致学习成绩不好，在学习中得不到快乐，在学校和家庭中得不到鼓励与支持，因此，对学习渐渐地失去兴趣。

2. 成就动机水平低

成就动机是个体努力克服困难，追求较高目标的内在心理倾向。研究表明，成就动机高的学生会追求相对较高的目标并坚持不懈，知难而上。而学业不良学生往往没有较高的追求，他们追求成功的愿望不强烈，而回避失败的愿望超过了追求成功的需要，因此，他们对学习采取应付的态度，完成作业只是为了避免老师和家长的批评。他们面对困难和挫折时喜欢逃避，得过且过，不愿意付出劳动，不愿意动脑筋。

3. 自我效能水平低

自我效能是指人们对自己是否能胜任某项活动的主观判断。学业不良的学生在学习上屡屡受挫，即使加倍努力，成绩依然无法提高，这种长期在学习上的挫败感容易使他们觉得自己能力有限，无法完成应有的学习目标，逐渐形成了较低的自我效能感。有的甚至产生"习得性无助"，认为自己没有希望，自暴自弃。

自我效能水平低会给学业不良学生带来一系列消极的影响。他们不仅对自己的期望降低，因而不愿付出太多的努力，面对困难时坚持性较差，而且会产生强烈的自卑心理。这些心理和行为表现又会进一步影响其后续的学习结果，导致他们在学习困难的泥坑里越陷越深。

三、激发学业不良学生的动机策略

解决学业不良学生的问题是一项系统工程，需要动员家庭、学校和社会各方面的力量，更需要依靠学生本人的配合和努力。

1. 激发求知欲和好奇心

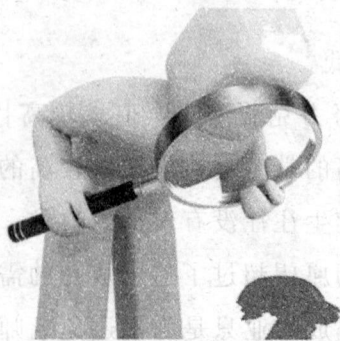

学业不良学生并非没有求知的欲望和好奇心。一些学生对学习是有兴趣的，也有些学生虽然对课堂学习缺乏兴趣，但他们可能对其他课外活动有着浓厚的兴趣。因此，教师需要充分了解学生的需要，通过各种途径和方法来激发学生的学习动机和好奇心。在教学中，教师可以结合课程特点，尽可能采用学生喜闻乐见的形式和方法，使学习任务有趣，同时要帮助学生认识到学习任务在当前或未来的应用价值。

此外，还可以巧妙地利用学生对其他活动的兴趣来进行动机的迁移。如有的学生不喜欢学语文，但对画画很感兴趣。教师可以引导学生在完成作品后向大家口头介绍自己的作品（锻炼口头表达能力），或者给自己的画起个名字，或配上几句话（锻炼书面表达能力）。

2. 提高自我效能感

自信是决定一个人成功与失败的重要因素。对于学业困难的学生来说，在学习上的自我效能感与其学习的努力程度、遇到困难时的坚持性和学业成绩有密切关系。学业困难学生自我效能感较低，导致他们常常表现出自卑、退缩的心态，在学习中不愿付出，对成功抱有较低的期待，他们所选择的方法、行为也比较消极。因此，提高学生的自我效能水平，帮助他们树立起"我能行"的信心，是改变学业困难学生的有效方法。

培养学业不良学生的自我效能感，主要的途径就是要为他们创造能够体验到成功的机会，让他们在学习活动中能够感受到自己的进步，而非不断的挫折和失败。如在教学活动中可安排一些难易适度、学生经过一定努力可以完成的教学任务；在引导学生制订学习目标时，根据学生的情况着重制定一些具体的、近期的学习目标，使学生能够比较容易观察到自己在学习上所取得的进步；也可以适当降低要求，将大的目标分解成若干个小目标，做到每个学期、每个月、每周乃至每日都有目标可循，让学业不良学生从点滴成功做起，一步一步地树立信心，从而建立起学习自我效能感。

3. 形成积极的归因

归因方式的差异将导致个体不同的认识、情感与行为反应。如果学生认为失败是不努力造成的，即如果自己努力学习，则有可能取得成功，这样，他们以后会更加努力。若将失败归因为缺乏能力，也就是说即使努力也不能成功，则他们很容易放弃努力。为此，通过改变个体的归因方式来改变今后的行为，对于学业不良学生具有重要的意义。

首先，教师和家长需要了解、掌握学生的归因倾向。对那些习惯于将学业上的失败归因为个人能力差、基础不好或外界因素的学生，要引导他们学会积极归因，将失败归因为可以控制的因素，而非不可控的因素。需要注意的是，培养学生的积极归因方式，并不意味着在任何时候都让学生将失败归因于努力不足。在学生确实经过很大努力，但仍然失败之后，教师应客观地帮助学生寻找造成失败的具体原因。如果一味强调学生努力不足，则会使学生产生力不从心的感觉，挫伤其自信心。

其次，要帮助学业不良学生全面认识学业失败的原因，使学生认识到学业失败可能存在多种原因，强调个人主观努力、学习态度、学习方法的重要性。注意纠正学生对能力的不合理信念，帮助学生认识到能力并非个体固定不变的一种属性，而是在活动和实践中，在一定范围内变化和发展的。

再次，教师要注意自己对学业不良学生的情绪反应和言语评价。学生往往会将教师的情绪反应和言语评价作为自我归因的线索，从而影响学生对自己能力的认识。教师对学习困难学生失败的同情往往会成为其无能的归因线索而被他们感知，从而影响他们的自信心。对于那些确实经过自己的努力，但结果仍然失败的学习困难学生，教师要避免对其失败表示不满，否则会使他们产生自卑感，而且焦虑，感到力不从心又无所适从，挫伤了其自信心。

4. 建立和谐的师生关系

要调动和激发学习困难学生的学习动机，教师和家长首先应该对他们抱有积极的期望和信心，以积极的态度对待他们，不能对他们轻言放弃，更不能在不经意间甚至有意在他们面前流露失望的情绪。如在一次测验中某个老师发现许多平时成绩不错的学生在一道题目上都出错了，但一个学习成绩差的学生却对了，就当着全班同学的面说道："连某某同学都做对了，你们竟然做错了。"被老师提名的学生听后心里很不舒服，认为老师看不起自己。

首先，教师需要树立学生能力的发展观，以动态的发展眼光来看待学习困难的学生。有些学生只是暂时困难，在适当的外界条件和有效的教育干预下，完全有可能发生转变。

其次，增强教师的教学效能感。对自己充满自信的教师，会在教学实践中积极探索各种方法和策略，以提高学生的学习动机和学业成绩。自信心比较低的教师，往往会放弃努力和尝试。

再次，向学生有效传递对他们的积极期待。教师需要根据学生的能力水平和学业基础，建立适合他们的目标和期望，如课堂提问时可以根据学生的实际情况来提出问题等。

5. 创设合作型的课堂环境

研究表明，对于低成就学生来说，竞争型的课堂结构比合作型的课堂结构更容易产生"习得性无助"。课堂里的竞争是以社会比较为前提，也就是指个人通过与班集体中其他成员的对比来认识自己在其中的位置。在竞争导向的课堂里，社会比较往往给学生带来更多的压力，而不是动力。学习成绩优秀的学生由于成功而对自己更有信心，而学业不良的学生愈加对自己失去信心。而合作型的课堂结构淡化了社会比较，强调每个学生都有成功和发展的机会。合作的气氛旨在引导每个学生形成适应性的动机模式，课堂里的学习活动需要每个同学的协作与配合，互助的气氛可以支持每个学生有效地学习。

首先，教师在班级氛围的营造上，要弱化竞争的氛围。虽然适度竞争对于激发学生的学习动力是有帮助的，但可能只对少数能力较强的学生有效。

其次，要鼓励学生互相帮助。鼓励学业优秀的学生给予其他同学积极的帮助，让学生意识到帮助别人的过程对自己的学习也有益。

再次，在小组学习活动中，明确每个成员的分工，让学生各司其职，这样有利于学业落后的学生因为同伴的压力而承担起自己的责任。

第四章 学习目标——成功的动力

目标的坚定是性格中最必要的力量源泉之一，也是成功的利器之一。

没有它，天才也会在矛盾无定的迷径中，徒劳无功。

——【英】查士德斐尔爵士

学习目标具有导向、启动、激励、凝聚、调控、制约等心理作用，明确的学习目标比没有目标对学生学习活动安排、学习热情激发、学业成绩提高都会产生更积极的影响。明确的学习目标是通向成功的动力之源，学习有了目标，学习活动的效果就能得到衡量，就能增强我们进一步学习攻关的自觉性和积极性。

第一节　成就目标原理

学习没有目标，犹如航海时没有灯塔，很容易迷失了方向，失去学习的动力，丧失学习的热情。学习目标是在中学生学习过程中预期达到的学习结果和标准，它指引着学生积极地安排学习活动，对学生学习热情的激发具有重要作用。在中学生的学习过程中，成就目标原理对学生的动机和热情培养更加具有时效性意义。

一、何谓"成就目标"

成就目标，又称目标取向，是个体在成就情境中渴望实现的目的。在学校情境中，成就目标是学生努力获得学业成功的目的或原因。简言之，它是学生在学习中努力获得成功的目的所在，如证明自己聪明，获得别人的赞美，取得高分，增长才干等。

首先，成就目标不同于十分具体的靶目标。靶目标是指在特定任务中的具体努力目标，是个体评价其成绩的具体标准和原则，如某个学生希望自己在期末测验中英语成绩获得满分，语文成绩在90分以上。但是学生为什么要制订这样的目标，获得这些目标的理由或目的是什么，并没有说明。而成就目标指的是个体获得学业成就的目的或理由。如学生希望通过获得优异成绩来证明自己的语文能力强，或英语水平高，希望获得老师和家长的表扬等。这些目的和理由就是成就目标所指向的。

其次，成就目标不同于较为概括的一般目标。一般目标是激发个体动机的理由，如心理学家福特提出的24种人类生活目标，包括探索、理解、超越、资源获得、掌握、创造、快乐与安全、归属等。这些一般目标可以应用于生活的各个领域。另外还有许多关于目标内容结构的说法，如可能的自我、个人计划、生活任务等，反映个体在许多情境中努力获得的目标内容。而成就目标不止是获取成就的一般目的或理由，而且包括用来评价成功表现的标准。在这一意义上，成就目标不仅反映个体的一般目标，如掌握知识或超越他人，而且反映了比较具体的判断成绩的标准，如与自己比较的自我提高，或者是与他人比较而取得更好的成绩。

总之，成就目标不仅包括取得成就的目的，如掌握知识或取得好成绩，而且包括个体用来定义自身目标的标准，如自我参照的标准（与自己比较）或与他人比较的社会标准。但成就目标不同于具体的任务目标，也有别于泛泛的生活目标。

二、成就目标的分类

1. 两分法

在成就目标理论的早期，研究者大多把成就目标区分为两种目标取向：学习目标和表现目标。

学习目标，又称掌握目标，这种目标指向学习任务，关注的是对学习任务的理解和掌握以及个体自身能力的提高。持有学习目标的学生，在教学活动中专注于如何获得知识、提高能力，关注自己的进步与提高。学习本身就是目的，以自我为参照标准来定义成功，与个人过去的成绩相比有所进步就会产生成就感和自豪感。

表现目标关注的是如何获得好成绩，以证明自己的能力比别人强，获得别人对自己的评价。持这种目标的学生，关心的是自己的能力是

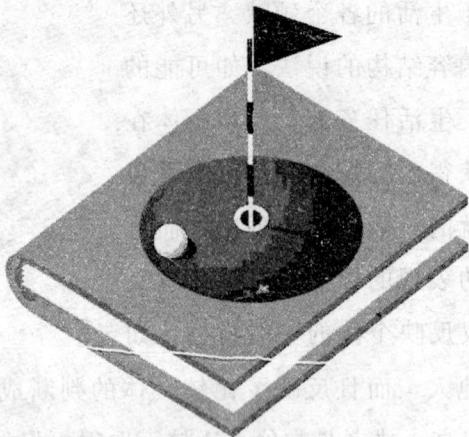

否得以充分表现，以及别人对自己能力的评价。学习本身是手段，其目的是超越他人，通过与别人的比较来定义成功。

在学校中，人们很容易发现上述两类学生：一类是努力学习以赢得高分，并向老师和同学证明自己的实力强；另一类学生以求知为乐趣，不太在意他人的评价。

不过，在实际的课堂情境中，学生可能既拥有学习目标，也拥有表现目标，二者并非截然对立的。如学生在学习中，既希望获得知识、提高能力，同时也希望取得比别人更好的成绩，获得别人的认可。

2. 三分法

埃利奥特及其同事将成就目标分为三种类型，即掌握目标、表现趋向目标和表现回避目标。尽管表现趋向目标和表现回避目标这两种取向都关注自身表现的结果，但前者关注的是，展示自身能力并从他人那里得到肯定评价，证明自己的能力比别人强，如学生努力学习以获得优秀的成绩，从而证明自己有能力，得到老师和家长的肯定就是表现趋向目标；而后者则着力于避免暴露自己的不足，避免得到否定性评价。如有的学生在学习中竭力避免失败，以避免让老师和同学对自己有负面的评价，表现为课堂中不愿回答问题，生怕出错等。成就目标的三分框架已在众多实验研究中得到了验证。

三、成就目标的作用

研究表明，不同成就目标取向的学生在学习行为、学习策略、归因方式和情绪状态等方面会表现出差异。

1. 学习目标：值得提倡

大量研究表明，学习目标总是与各种适应性的行为联系在一起，如面对困难时能够坚持努力，使用更深入、更精细的学习策略，寻求挑战，对学习有更积极的态度。埃利奥特等人发现，学习目标条件下的个体，不管其自我感觉到的完成任务的技能水平有多高，都会表现出适应性的模式；而表现目标条件下的个体在自我感觉能力水平高的情况下才表现出适应性，在自我感觉能力水平低时表现出不适应。因此，教育心理学家艾姆斯得出结论：学习目标会促进长期的、高质量的学习投入，建议教师在进行外部干预时鼓励学生采用学习目标并使表现目标降到最小。最近，仍有学者坚持认为学习目标比表现目标具有更多的优势。

尽管对于追求学习目标的积极后果争议很少，但有些人认为学习目标并非完美无缺，表现目标亦非一无是处，两种目标是互补的。

2. 表现趋向目标：利弊共存

表现趋向目标（简称表现目标）指的是在学习中关注个人能力的展示，希望通过取得超出别人的成绩以证明自己的能力。关于表现趋向目标，目前存在两种不同的观点。

一种观点认为，表现趋向目标具有较多的负面影响，在教学中应鼓励学生采用学习目标。一些研究者认为，表现趋向目标与诸多非适应性的行为和后果联系在一起，如退缩、回避挑战、肤浅的学习策略等。对社会比较（或同伴竞争）的关注不仅会在认知上分散学生对任务的参与，而且与测验焦虑、担心和其他负面情绪联系在一起。强调与同伴竞争，意味着对自我和竞争的关注，这与合作学习、学习共同体或积极的课堂氛围相冲突。另外，表现趋向目标有可能转向表现回避目标，而表现回避目标往往与非适应的认知、情绪和行为联系在一起。

另一种观点认为，表现趋向目标对于学生的学习也有一定的促进作用，而且这类目标并非与学习目标截然对立，学生可以同时拥有学习目标和表现趋向目标，同时拥有两种目标的学生会有更适应的动机模式。

3. 表现回避目标：众矢之的

表现回避目标关注的是如何避免在别人面前显得自己无能或能力低下。持这种目标取向的学生，希望自己的学习成绩不要比大多数人低，不能表现出比别的同学能力差。由于此类目标取向的学生总是把精力集中于避免使自己表现失败上，因此，这类学生在学习行为、学习策略和情感等方面都会表现出消极的特点。

表现回避目标取向的学生往往是不自信的，他们不愿付出努力，回避挑战来避免失败，对学习持消极的态度，倾向于选择简单的任务，常采用自我阻碍策略，如拖延学习和确立无法实现的目标。在认知策略方面，表现回避目标与深层加工策略和元认知策略呈负相关。在遇到困难需要求助时，他们只满足于知道问题的答案或迅速完成任务，或者回避向老师和同学求助。

表现回避目标取向的学生与消极情绪呈显著相关，表现出更多的焦虑等。在遇到挫折时，负面情绪会更加强烈，并影响到后续目标的确立。

第二节　课堂目标结构及设置

　　课堂目标结构是教师通过教学策略和行为、态度、原则以及与学生的交互作用所传达的有关教育目的的信息。不同的课堂目标结构会激发不同的成就目标。

一、课堂目标结构的类型

　　1. 竞争型课堂目标结构

　　在竞争型课堂目标结构中，学生之间相互竞争，一个人的成功建立在他人失败的基础之上，只有其他人达不到目标时，某一个体才可能达到目标；如果其他人成功了，则降低了某一个体成功的可能性。例如，如果学校或班级建立了这样一个体系，每个班级只有五分之一的学生能够评上"学习之星"，那么，学生之间就是相互竞争的。因为如果一个学生评上了"学习之星"，就意味着另一个学生可能评不上。在此情境中，个体重视个人的学业成绩，同学之间的关系是对抗的、消极的。

　　在竞争型课堂目标结构中，学生将主要精力指向自己的学业成绩，而非学习过程。竞争激发的是用社会标准进行比较。在这种情况下，能力水平较高的学生会感到自信心的增加，竞争会激发他们的学习动机。而能力较低、不太自信的学生就会感到焦虑，担心自己的失败，担心别人的评价。

　　这种课堂目标结构对能力较强、学业成绩优秀的学生是有利的，可以让他们不断获得成功的体验和感受，但对那些很难体验到成功的学生来说，会造成不利的影响。由于对自我缺乏信心或成功的机会少，

知道听
课时的重点

上课
45
分钟

注意高度集中

积极思考善于质疑

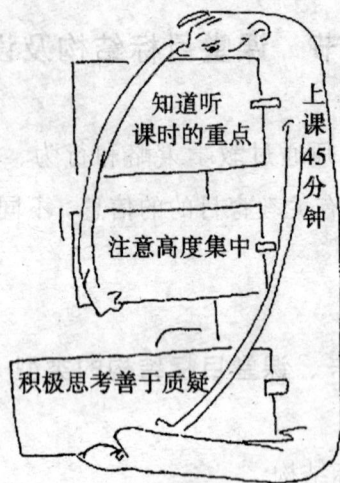

这些学生很有可能放弃努力，而屡遭挫折的学生甚至会产生"习得性无助"。竞争性的目标结构会阻碍学生之间的相互帮助，因为这种结构很容易形成课堂中的等级排列，使成绩较差的学生很少有成功的机会。

2. 合作型课堂目标结构

在合作型课堂目标结构中，学生之间有着共同的目标，只有所有同学都达到目标时，某一个体才可能达到目标。如果团体中某一人达不到目标，则其他人也达不到目标。例如，小组中的四个成员一起在实验室中做实验。如果其中某个同学非常努力地工作，就会增加小组中其他人成功的机会。又如几个同学参加集体项目的比赛，需要每个同学都付诸努力，并相互配合。在此情境中，个体为共同目标而工作，重视相互协作，以一种彼此互利的方式活动，因此，同伴之间的关系是促进的、积极的。

在合作情境中，学生之间存在着积极的相互依赖关系，每个成员都需尽全力为集体的成功而工作，积极承担集体义务，共同努力，共享成功的喜悦。

要使合作学习有效，必须将小组奖励与个人责任相结合。也就是

说，当合作小组达到规定的目标时，必须给予小组奖励，这样才能使小组成员感到有共同的奋斗目标，从而激发了学习动机，提高了学习成绩。同时，小组的所有成员都必须对小组的成功作出贡献。当每一名小组成员对小组的成绩都负有责任时，所有成员才会积极地参与到小组的活动中去，使所有成员都有取得进步的机会，否则，极有可能产生责任扩散和"搭便车"的现象。

3. 个体化型课堂目标结构

在个体化型课堂目标结构中，个体成功与否和团体中的其他成员是否达到目标无关。个体关注的是自己的学习结果和进步程度，个人的成败不对别人产生任何影响。例如，如果教师说"各科测验成绩在90分以上的同学都可以成为'学习之星……'"，那么，这种情境下就会形成一种个体化的目标结构，因为任何一个学生的成功对其他同学的成功不会产生任何影响。在此情境中，个体寻求对自己有益的结果，并不在意其他个体是否取得成功，因此，同伴之间的关系是相互独立、互不干涉的。

个体化型课堂目标结构强调的是学生的自我比较和自身进步，也就是要求学生关注个人的成长与进步。这种结构强调的是对学习任务的掌握和完成学习活动本身，强调只要自己努力就会完成学习。因此，在这种课堂结构下的学生会坚信，只要自己努力就有可能获得成功。他们对自己表现出自信，相信自己的能力会不断提高。在遇到失败时，也不会否定自己的能力和水平，不会降低自我评价，而是认为自己努力不够或方法不对，坚持认为自己有能力获得成功。学生往往将成功归因于自己的努力，产生很强的自豪感；失败则会产生内疚感，但也不会认为自己无能，而是通过付出更多的努力或寻找更好的学习方法来争取下次的成功。

二、课堂目标结构的设置

前面提到，竞争型、合作型和个体化型三种类型的课堂目标结构中，合作型的课堂目标结构更有利于学生学习动机的激发和调动。因此，教师要注意创设以合作型课堂为主导的课堂结构，具体做法如下：

1. 关注每个学生的学习、进步

首先，课堂提问和练习的机会要尽可能公平。教师需要注意坐在前后不同位置的学生，避免总是提问那些坐在前面、离老师较近的学生；需要注意成绩水平不同的学生，避免总是提问学习成绩优秀或成绩较差的同学而忽略中等水平的学生。提问的顺序也要注意，有时可以从前面的学生开始提问，有时从后面的学生开始，做到尽量公平。

其次，对每个学生的进步都要做出积极的反馈。对各类学生的表扬、批评尽量一致，不能过多地关注某些学生，尽量让学生感觉到老师在关注每一个孩子。肯定和鼓励要给予所有取得进步的学生，不仅仅是针对学习好的学生。

2. 提供小组学习的机会

在小组学习中，对成绩的评价基于小组成员的集体表现，这样淡化了学生个人能力之间的比较。教师可以根据学习内容和任务特点，安排形式多样的小组活动。可以组织学生就某个问题进行小组讨论，也可以集体策划某个活动方案，或者分角色朗读某篇课文等。小组的设计要多样化，成员可以自由组合，也可以由老师按照学生的特点合理组合。在小组学习中，对每个成员都要有明确的分工，强调同学之间互相帮助，同时要保证每组同学都有获胜的机会，小组成员的水平大致相当，小组之间可以比较，但目的是为了使大家都有进步。

第三节　成就目标促学习

在中学教学活动中，从初中低年级开始有意识地引导学生形成更加具有适应性的目标取向，以学习目标为主导，培养学生对学习的积极态度，将对学生学习动机的调动、学习热情的培养产生积极的影响。

学习目标的积极意义已经得到了大量研究的证实。因此，在教育教学中，教师应该努力使学生相信，学业活动的目标是学到知识而不仅仅是分数。在中学教学活动中，教师可以鼓励学生采用学习目标，具体来说，可从任务、评价等方面来促进学生采用学习目标，从而更大程度上促进学生热爱学习。

一、学习任务或作业的安排

第一，要明确所学知识和技能在实际生活中的价值和意义。教师需要将学生在学校所学的知识、技能尽量和学生在校外的实际生活联系起来，要让学生认识到完成任务的目的。在教学中教师要有意识地

向学生说明或强调学习任务的价值，并鼓励学生学以致用。

许多学生每日都在写作业，他们中的不少人只知道这是老师布置的任务，必须完成。不完成作业的后果是老师会批评，可能会影响到考试成绩，影响到老师对自己的评价。他们往往不能够意识到作业的价值。有时教师将作业当做对学生表现不好的一种惩罚，就更难调动起学生对学习的真正兴趣。

第二，要设计新颖的、符合学生兴趣的任务。教学中教师要注意根据不同的学科内容，来安排形式多样、生动有趣的学习活动，寓教于乐。

第三，要设计具有不同难度和挑战性的任务。中等难度的任务对学生兴趣的调动更为适合。如果作业难度太大，容易挫伤学生的学习兴趣；如果作业太容易，学生完成的过程中很难体验到乐趣。因此，作业的布置也是一项值得教师认真钻研和思考的工作。另外，布置作业时可以灵活一些，允许学生可以根据自己的情况自主选择。如可以布置一些有一定难度的题目，鼓励大家去挑战，但未必要求所有的学生都必须完成。

第四，作业的形式要经常变换，避免单调重复。

二、合理评价

学校和教师的评价方式在很大程度上会影响学生的目标取向。为了促使学生更多地采用学习目标，教师在评价中要注重对学习过程的评价。尽量不公开学生的分数，以淡化学生对成绩的社会性比较，建立能够体现学生学习进步的评分方式，鼓励学生参与到评价中来。

1. 针对任务本身的评价

评价主要针对学生的作业、回答等，指出成就中的特别之处。因人而异，形式多样，避免千篇一律。除了给予分数外，还可进行文字方面的评价，如认同学生的进步，肯定学生做得好的地方，指出需要改正的地方。

2. 避免过多地进行公开的评价

对于学习成绩较差的同学，尽量避免在公开场合进行批评，同时要尽量避免过分地夸奖某些优秀生头脑聪明、能力强。可以在私下告诉学生与自己以前比是进步还是退步了，告诉学生与他人比也只是为了让自己知道自己的学习进步到了什么程度。

3. 强调分数中所包含的信息

在国内的教育环境下，无论是学生、教师还是家长都把分数看得很重要，分数成为家长和教师情绪的"晴雨表"。家长和老师经常会向学生传递这样的信息：少一分就进不了重点中学，少一分就考不上大学，分数就是金钱。分数的确是衡量学生知识、技能掌握水平的重要指标，也是学生能力水平的反映，但是，分数也是学生学习的发展变化、学习态度、努力程度的综合反映，同时也是对教师教学效果的评估。

70分虽然不是一个令人满意的成绩，但对某个以前总不及格的同学来说就是一种进步，教师应给予鼓励。有的学生虽然考了95分，但并非无可挑剔，也许他们再细心就能取得满分。还有的学生虽然得了满分，但其思维能力、创造性等未必就比95分的学生强。因此，在对学生的评价中，教师需要综合考虑分数所反映的信息。对于学生在作业或考试中所出现的错误，教师要强调错误中所包含的信息，指出学生出错的原因，习惯化的出错方式，如计算不过关，审题有误，为学生的努力指明方向。

三、目标的制定要以学生为主体

在中学课堂教学中，发给学生的导学提纲是面对学生的，其中呈现的学习目标也是展示给学生看的。由于教学目标是检验、评价学生的学习效果有没有达到要求，而不是评价教师有没有完成某一项工作，所以其行为主体，指的是学生而不是教师。实际教学中，许多教师却把教师行为目标与学生实际的学习目标混为一谈，如"培养学生……""教给学生……"，是谁"培养学生"？是谁"教给学生"？很明显隐含的行为主体是教师，而不是学生，出现指向错误。

此外，目标的制定要可观察可检测，避免过于空泛。在中学教学过程中，许多老师制定的学习目标不具体，过于空泛，如"提高学生的实验技能"、"培养学生的良好习惯"等，教师几乎无法观测教学目标的落实情况。所以教学目标尽量避免用含糊的、空泛的、不切实际的语言陈述，而应力求明确、具体，可以观察和测量。

例如：在中学物理课堂进行"压强"一课教学时，如果把目标表述为"理解压强的概念"的话，那么教学活动结束时，自己对压强的概念到底是理解了还是没理解，理解到什么程度，学生往往难以明确，不好验证。但如果把目标具体化为"会用比值定义法给压强下定义，知道压强的公式及公式中各个物理量的名称、单位及符号，且能用压强公式进行简单计算"，学生就比较容易确认自己是否达到了学习目标。

四、目标的制定要体现多维目标的整合

在中学教学活动中，许多老师展示给学生的三维学习目标，把"知识与技能目标，过程与方法目标，情感、态度与价值观目标"严格界限、机械区分，结果展示在学生面前的往往是十条以上的学习目标，这样不可避免地造成：一方面不利于突出重难点，不利于检测当堂所学知识，另一方面也会给学生带来很大的压力。这时教师有必要对三维学习目标进行有机的整合。

例如：在中学物理课堂进行"大气压强"一课的教学中，一位教师确立了这样一个目标："通过实验操作和生活体验，感受大气压的客观存在。"这实际上是把过程与方法、知识与技能这样的两维目标进行了有机的整合。

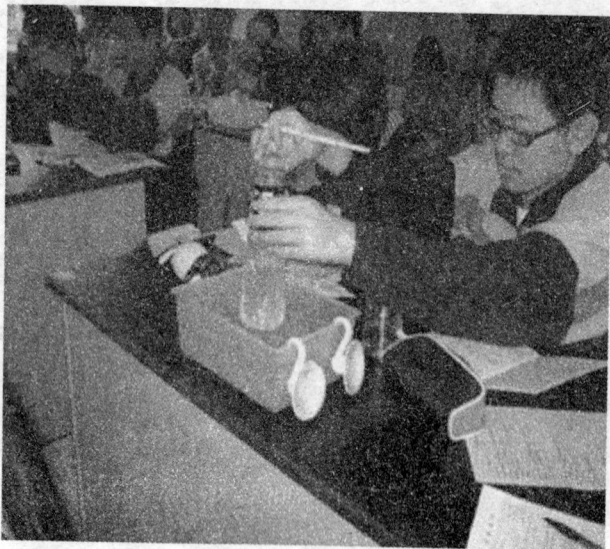

第四节　学习计划让目标更明确

一、好计划，学习有条理

在初中阶段，注意培养和提高自己的计划能力具有很多的益处，一个完善的学习计划能够减少学习的盲目性，使学习步入一个有条理的良性循环之中。

在学习中，常看到有些学生东走走西转转，东看看西翻翻，似乎作业完成了，就万事大吉，没事可干了。这实际上是一种"随遇而安"的学习态度。这样做的原因，在很大程度上是没有为自己定个"规划"，学习缺乏计划性。

有这样一则案例：

　　张璐　辽宁省鞍山市 2006 年中考状元

作为辽宁省鞍山市 2006 年的中考状元，张璐的父母对女儿的学习从来都没有施加过压力，也不为她制订学习任务和学习计划，每阶段的学习计划都是由她自己做主。

张璐的日常作息时间很有规律，每一件事都会在她的计划中处理得井井有条。张璐说："课上老师讲的每一句话都要认真听并要记住。"她把自己比作一台录音机，会把老师在课堂上讲的每一个知识点都"录"下来，然后回家再做"复读机"进行复习。

每天放学回家，她不是马上学习，而是要让自己充分放松，解除一天课堂学习的疲劳后，才进入学习状态。一般晚上六点半到十点左右是她的学习时间，保证每天在家的学习时间在 3 小时左右。

在中考最后的冲刺阶段，张璐放下了一切的兴趣爱好，一切都为中考让路、一切都为学习让路。她很有计划地为自己编定每一天的学习任务，有条不紊地复习书本知识。正是因为这些细致入微的计划，使张璐顺利地完成了初中三年的学业，并在不知不觉中取得了优异的成绩，并培养了浓厚的学习兴趣。

在中学教学活动中，教师要积极引导学生制订良好的学习计划，学生要结合自身的学习特点，做到事半功倍：

1. 自己应达到的目标。就是说，针对自己目前的学习水平，决定一个自己在学期末所能达到的学习目标。这个目标不能太高，太高实现不了会影响自己的情绪，太低会使学习失去了动力。这个目标应是经过一学期努力刚能达到的目标。

2. 分析自己目前存在的问题。比如自己目前哪方面比较欠缺，哪科需要有较大提高，哪项是本学期必须要解决的问题等等。针对这些情况决定自己学习时间的分配，决定自己目前该朝哪方面努力等等。

3. 制订详尽的学习任务表。主要针对一星期的或一天的日程安排，决定自己在每个时段要学什么，以及怎样学。比如什么时间预习或复习什么科目，什么时间做什么练习等等。要把一天的时间表基本上安排好，这样可以督促自己按照计划去实行每一步战略，不会在哪个时间感到无所适从。但有一点要注意，学习计划不可定得太死，要有少量的余地可供自己临时支配。太死了会使学习产生一种沉闷感。

二、长短结合订计划

学习不是盲目的事情，应该有一定的条理性，只有通过结合长期、短期、临时计划才可以真正地做到"胸中有丘壑"。

有这样一则案例：

雷雨 ××中学初2（3）班

雷雨认为，每个人都应有一套适合自己的学习计划，都应养成良好的学习习惯。当习惯成自然时，学习还会难吗？雷雨说，自己不喜欢参加课外辅导班，也不大买辅导书，主要把精力放在课上听讲和课下研究经典例题上。他认为老师的工作已经做得很充分了，他只要把老师的思考方法学到手，再结合老师留的作业反复琢磨、总结，完全可以达到事半功倍的效果。平时他还会分阶段制订学习计划，既有长期计划，又有短期计划，同时还有临时计划。长期计划比如一个学期或一个学年欲在哪几学科上下工夫，达到一个什么水平。短期计划如一周内集中精力学哪几课、哪几章、哪几节……临时计划则应比较灵活，是明后天将要做的事……每完成一项计划，他都会非常开心。

别看年纪小，雷雨却有极强的自我管理能力。他所在的班级，很多同学都数学特别突出，频频在各种竞赛中获奖。雷雨在这方面处于劣势，但是他很清楚，他的优势是各门课都均衡发展，总体成绩领先。要兼顾各门学科并都能保证较高成绩，这对于任何一个学生来说都是一件很困难的事情，而一套好的学习计划，正好能够起到协调整体学习节奏、平衡各科发展的作用。所以，雷雨坚持自己的学习计划，每门课都一丝不苟，最终在中考中体现出了自己的优势。

在中学教学活动中，教师应主动积极引导学生结合学习目标及内容及时制订学习计划，学习计划可以从下面三点来做到长中短三结合：

1. 长期计划应以一学期为限，内容应该是大纲式的，不必求详求细，否则就会出现计划跟不上变化，反而失去计划的作用。

2. 中期计划应该以月或周为期，内容应该非常详细。

3. 短期计划以一日或数日为期，只要心里作个打算就可以了，不必非要写下来，以免使计划显得乱而无用。

三、总体计划结合短期目标

在制订好总体学习计划后，还要找一些短时间就能完成的任务，也就是为自己设置一些小目标，它的作用在于能够使你把一两天之内的学习生活安排得有条不紊。

有这样一则案例：

李振森　海南省2008年中考状元

在2008年的中考中，李振森和陆雯雯、王大森三位同学的7门功课全是满分满星，并列海南全省第一。他们三位也都非常擅长制订学习计划，李振森同学认为，很多同学把计划做的事情事无巨细地记下来，看似可行性很高，在实施的过程中却无法很好地落实。因此，最好制订一个总体计划，上面写明短期内需要完成的目标。

将总体计划分解为一个个阶段性的小目标，可以使目标更加具体化，你就能清楚地看到当前应该做什么，怎样才会做得更好。这可以使你漫长的学习生活变得有目标、有次序、有系统、有节奏，使繁重的任务变得轻松起来，从而在不知不觉中提高学习效率。

山东省泰安市英雄山中学的优等生刘春明同学就是这样做的，他说：当时，我把大目标锁定为期中重返年级前十名，又把大目标细化为一个个的小目标，如在第二次的考核中，进入班级前三。为了进入前三，每次考试，都要有所提高；为了在考试中进步，平时的学习要有扎实的进步。这样我一步步稳扎稳打地取得了点滴的进步，在完成一个个小目标的同时，心理上也有少许的满足感。如此反复，学习就在大目标的总方向下，依靠小目标的地毯式的查漏补缺，充满乐趣地进行着。

刘春明同学将他确立目标的方法总结为"大小目标的双重变奏"，他说：经过反复的摸索与简单试验，我总结出了自己的目标体系，那就是大小目标的双重变奏。所谓大目标可以很大，比方说可以将考入北大作为自己的大目标，也可以是略微小一点的，如一个学期要达到的学习成果，总之，大目标是中长期性的，是方向性的，不是一时半会就可以轻松搞定的，往往需要相当的时间和毅力做后盾；而小目标相比较而言，就是一些比较具体的对于学习的短期计划，如今天要预习功课，复习完上课的内容等等，小目标还不同于严格意义上的时间表，它同样是方向性的，如果太琐碎就又失去了目标的作用，所以小目标的选择既要有其具体性，又要有模糊性。例如英语的学习，我就定了这样一个小目标：每天完成 10 个新词的背诵，3 篇的阅读。当然大小目标都是相对而言的，只要是有利于学习的，随时可以进行必要的修整。

四、定时定量完成学习计划

在中学教学过程中，教师有针对性地指导学生结合自身的学习情况制订了高效合理的学习计划，使学生的学习目标更加明确。然而，一个科学合理的学习计划，需要我们定时定量地来完成，谁能做到严格执行学习计划，谁就能无往而不胜。一般来说，目标比较容易确定，计划也比较容易制订，难的是定时定量地完成学习计划。

定时定量学习是完成学习计划的前提和保证。常言道：说起来容易做起来难。学习计划是通向学习目标的道路，定时定量地完成学习计划，就等于在这条道路上不断前进，知识在计划的指导下不断积累，达到一定程度时，便实现了目标。定时定量学习是指按时在大致规定的时间内，完成一定量的学习内容。

学习就如同我们吃饭，一个人一日三餐地吃，才能保持身体健康。如果饥一顿饱一顿，就可能有一顿饭撑着的危险。知识积累同样是定时定量的积累。没有量的积累，便不会有质的飞跃，计划目标的知识总量是由各分量累加而成的。根据大脑的学习规律，每个人每一天只有定量学习才能取得较好的学习成绩，因此每天我们都要完成定量的学习任务。然而在实际学习生活中，许多学生即使有周详的学习计划，执行起来也既不能定时，又不能定量，结果学习效果不好，经不起严格的检验。学习是一个细水长流的过程，需要安排足够的时间。要想拥有优异而稳定的学习成绩，就必须养成定时定量完成学习计划的学习习惯。

定量学习，包含三个方面的含义：一是每天必须完成记忆任务，包括外语单词、语法，数理化定理、定义、公式，语文字、词、语法、修辞等等；二是必须完成作业，把所学的课堂教学内容（包括老师上课讲过的例题和习题）弄懂弄通；三是复习领悟，使以前所学的知识融会贯通，运用自如。在完成以上三项任务后，可以选择做一些其他课外的数理化习题和英语阅读理解练习和听力练习，以及作文写作训练等。

第五章 学习兴趣——热情的燃点

学习的最大动力乃是对所学材料的兴趣。

——【美】布鲁诺

"教未见趣，必不乐学"，"知之者不如好之者，好之者不如乐之者"，学习兴趣是学习积极性中最现实、最活跃的成分，是直接推动学生主动学习的一种内部动力，是热爱学习、产生强烈求知欲的基础。只有当学生自身对学习产生了浓厚的兴趣，才能使整个认识活动兴奋起来，促使他去追求知识，探索科学奥秘。因此，在中学教学活动中，想要让学生热爱学习，就要讲究教学艺术、手段和方法，千方百计地激发学生的学习兴趣。

第一节 什么是学习兴趣

一、兴趣为何物

兴趣是人对客观事物的一种趋向性和内在选择性，是对客观事物的一种选择性态度，是动机的一种形式。兴趣和其他形式的动机一样，是以需要为基础的，是对客观事物需要的一种情绪性的表现。在从事感兴趣的活动时，总伴随着一种积极的、愉快的情绪体验；相反，在从事很不感兴趣的活动时，总伴随着一种消极的、厌烦的情绪体验。

我喜欢画画。

虽然兴趣与需要有密切联系，但是需要并不都表现为兴趣。例如：人饥饿时对食物的需要就不一定表现为兴趣。北方人和南方人为了生存，饿了都要吃食物，北方人喜欢吃馒头，南方人喜欢吃米饭。食物都可以用来充饥。米饭和馒头都是食物，不论吃米饭，还是吃馒头，都可以满足充饥的需要。在超出满足充饥需要的基础上，是选择吃馒头，还是吃米饭，这就看你对什么食物感兴趣了。同样，劳累了一天的人头脑和身体极其疲劳，就产生了休息和睡眠的需要，这种需要也不表现为兴趣，因而不能说这个人对休息和睡眠有兴趣。

兴趣对活动有始动作用。很多成才者的创造性活动是由兴趣始动的。著名人类学家古道尔从小对生物感兴趣，是兴趣使这位 26 岁的姑娘离开繁华的伦敦，踏上揭开黑猩猩王国神秘面纱的征途，只身进入与世隔绝的非洲原始森林。她几年如一日，吃不上饭，睡不好觉，蚊虫叮咬，疟疾困扰。猛兽毒蛇的威胁，黑猩猩的围困和袭扰，使她多次险些丧生。她以惊人的坚强毅力战胜了重重困难，终于与黑猩猩结成了情同手足的朋友，揭开了野生黑猩猩的行为之谜。莫尔斯由于在船上听了一个名叫杰克逊的医生谈论电磁铁，对电报机发生了兴趣，在兴趣的始动下，着手研究工作，终于发明了电报机。富兰克林看了英国学者斯宾士表演电学实验，对电学发生了兴趣，在兴趣始动下，最终成了闻名世界的科学家。伽利略研究数学和物理、华罗庚研究数学、巴哈成为音乐家、塔索成为诗人……都是由兴趣始动。

兴趣作为活动动机的一种形式，它在活动中最突出的作用莫过于动力作用。兴趣的动力作用主要体现在克服困难的过程中。著名化学家罗蒙诺索夫少年时期，对科学有浓厚的兴趣，为了得到一本《算术》书，在炎热的夏天给一个商人干了 40 天活，为了保住这本《算术》书，竟然一个人在令人毛骨悚然的坟地里过夜。

兴趣可以给人以巨大的力量，它使人废寝忘食地工作。有了兴趣，就能做到连朝接夕不知其苦。人们都有这样的体验，如果对从事的活动感兴趣，就能在活动中体验到愉快和满足，即使付出很大的体力或长时间工作也不觉得疲劳。

二、学习兴趣

学习兴趣是指一个人对学习的一种积极的认识倾向与情绪状态。

从教育心理学的角度来说，兴趣是一个人倾向于认识、研究获得某种知识的心理特征，是可以推动人们求知的一种内在力量。学生对某一学科有兴趣，就会持续地专心致志地钻研它，从而提高学习效果。从对学习的促进来说，兴趣可以成为学习的原因，从由学习产生新的兴趣和提高原有兴趣来看，兴趣又是在学习活动中产生的，可以作为学习的结果。所以，学习兴趣既是学习的原因，又是学习的结果。

与此同时，学习兴趣又称认识兴趣。它是学生热爱学习、渴求获得知识、探究某事物或参与某种活动的积极倾向。它解决的是学生在学习过程中是"苦学"还是"乐学"的问题。学生的学习兴趣是在求知需要的基础上，在学习活动中体验成功的喜悦而逐步形成的。它是推动学生学习的有效动力，是学习动机中最现实、最活跃的心理因素。

俄罗斯著名教育实践家和教育理论家苏霍姆林斯基认为："当学生带着一种高涨的、激动的情绪从事学习和思考，对面前展示的真理感到惊奇甚至震惊；学生在学习中意识和感觉到自己的智慧和意志的伟大而感到骄傲。"这就是说，兴趣是指在学习中伴随着学生的精神振

奋、情绪激动的感情，伴随着惊奇之感，甚至伴随着对新揭示的真理的惊叹，对自己的智力的了解与感知、创造的喜悦和对人的理智与意志的伟大而发出的自豪。由此可见，苏霍姆林斯基关于学习兴趣的内容，主要是指学生在学习活动中强烈的求知欲和精神生活。正如他所指出的那样："苏维埃教育学把孩子个人的兴趣看成是达到学校的教养和教育任务——获得一定范围的科学知识，形成辩证唯物主义信念的一种手段。"他把学习兴趣看成是学生在理解和考察过程中发挥创造性精神力量的积极性。这里，苏霍姆林斯基具体地阐明了学习兴趣的本质特征，是获得系统的科学知识形成辩证唯物主义世界观的一种手段，是发挥创造性精神力量的积极性。

苏霍姆林斯基关于学习兴趣的思想，不仅与辩证唯物主义思想性、科学性联系在一起，而且与情感联系在一起。心理学研究表明，兴趣总是具有情绪色彩的。学生之所以感兴趣，是因为他们感到愉快；学生之所以感到愉快，是因为他们感到有兴趣。情绪给人以鼓舞，给学习带来激情，刺激着他们去追求和探索。列宁说道："没有'人的感情'，就从来没有也不可能有对于真理的追求。"这就深刻地阐明了带有情感色彩的兴趣，在学生掌握知识形成辩证唯物主义世界观和发挥创造力积极性中的作用。

学习兴趣是影响学习的重要变量，它是指学生在教师的指导下，渴望接近、尝试、探究和掌握知识，积极参与学习活动并能提高学习效率的心理倾向。学习兴趣是学习动机中最现实、最活跃的成分，是学习活动的最佳动力，有着学习兴趣的学习才是有效的学习。学习兴趣大体上可以分为直接学习兴趣与间接学习兴趣两种。前者是由所学材料或学习活动——学习过程本身直接引起的。后者是由学习活动的结果引起的。间接学习兴趣具有明显的自觉性。当一个人意识到学习的社会意义或与自己的关系时，学习兴趣就随之产生。

例如：为了集体的利益，意识到学习的目的或任务，因而支配自己去坚持学习。或者为了得到父母、教师的赞赏，同学、朋友的尊重，在考试中得到好分数，在竞赛中取得胜利等等，也能引起学生对学习的兴趣。

三、学习兴趣的作用

学习兴趣是引起和保持注意的重要因素，在学习兴趣指导下学生能产生坚持不懈的学习行为。学习兴趣是一种求知倾向。对于感兴趣的事物，人们总是积极主动地去探究它。如许多对学科学习入迷的学生，总是夜以继日地学习，不离书桌。兴趣、入迷推动他们勤奋地、持之以恒地采取行动，直到目的实现为止。所以孔子说："知之者不如好之者。"意思是说对于学识，懂得它的人赶不上喜欢它的人，喜欢它的人又赶不上醉心于它并以它为乐的人。

1. 学习兴趣是学习活动最直接、最活跃的推动力

学习兴趣对智力发展起着促进作用，是开发智力的钥匙。推动学习活动的因素很多，其中学习兴趣是最直接、最活跃的动力。"最直接"是指兴趣可以直接推动学习活动，而不需要其他中介因素。"最活跃"是指在兴趣状态下，大脑皮层处于优势兴奋状态，人的认识活动特别活跃：感知敏捷、记忆牢固、思维灵活、想象丰富，并不断将认识活动深化，学习效率和质量都比无兴趣时高。所以两个学习能力相当的学生，兴趣高的成绩往往优于兴趣低的。甚至一些智能中等但兴趣浓厚的学生的成绩会大大高于智能高却无兴趣的学生。

2. 学习兴趣是学生获取知识、开阔视野、丰富精神生活的重要动力

学生的学习兴趣虽然是非智力因素，但对人的认识活动和其他实

践活动，尤其是学生的学习，起着重要的推动作用。

非智力因素开发

早在两千多年前，我国古代教育家孔子就认为："知之者不如好之者，好之者不如乐之者。"德国教育家赫尔巴特认为："人有多方面的兴趣，而教育就应当以此为基础，并应把引起和培养人的多方面兴趣当做自己的一项任务。"古今中外凡在事业上取得卓越成就的人，无不对自己所从事的事业有强烈的、浓厚的兴趣。苏霍姆林斯基说："学习兴趣是学习活动的重要动力。"学习兴趣对正在进行的学习和活动起着重要的推动作用。它是鼓舞学生从事学习活动的重要力量。学生只有对学习产生浓厚的兴趣，才会自觉地去追求知识，把解决一个个难题看做是一种乐趣，对知识的理解才会更深刻。学生的正当兴趣在他们的学习、生活、活动和健康成长中起着至关重要的作用。学生强烈的求知欲和浓厚的学习兴趣是获取知识、开阔视野、丰富精神生活的巨大动力。

3. 养成自觉学习的习惯，提高学习的积极性、主动性、自觉性

从许多中学生家长的教育实践及教育效果来看，棍棒、拳脚和物质刺激都不是解决孩子自觉学习的有效办法。因为棍棒只能触及皮肉，给孩子带来皮肉之苦；物质刺激也只能使孩子得到暂时的心理满足，不能从根本上解决孩子自觉学习的问题。

现代认知心理学家皮亚杰十分重视兴趣在学习中的作用。他在《教育科学与儿童心理学》一书中谈道："强迫工作是违反心理学原则的，而且一切有成效的活动必须以某种兴趣为先决条件。"要根据学生的生理和心理发展的特点，用恰当的方法，唤起学生的自身努力学习的理智情感。教育学生要养成自觉学习文化科学知识的习惯，不能把学习看成是一种精神负担，而应把学习看成是一种快乐的精神享受。只有当学生对学习的内容，学习的具体过程和学习的结果感到有兴趣时，才能激发学习兴趣，产生学习的热情。通过学习文化科学知识获取学业的成功，从而使内心的一种愉快体验能不断地去维持、巩固这种学习活动，始终保持学习的积极性、主动性、自觉性，产生良好的学习效果，巩固学习兴趣。

第二节　兴趣促学习

一、学生对学习无兴趣的原因

在中学教学过程中，依赖于熟悉和习惯的力量、依赖于强制和惩罚、依赖于一时的兴奋而让学生对学习产生兴趣的做法，都是外在的措施，没有引起学生对学习内容主动和深入的思考。学生的灵魂和精神没有与学习发生灵性的碰撞，他们被外在于自身的力量推动着与学习发生关系，产生的兴趣往往肤浅而又短暂，并没有真正解决学生的学习兴趣问题。

依据美国著名教育家杜威的思想进行分析，学生对学习没有兴趣的主要和关键原因在于学习的内容、材料外在于学生这一群体的自身。杜威在分析了教育上"兴趣派"和"努力派"的争论之后，一针见血地指出了其实看似矛盾的两派都有一个共同的弊端，那就是对象和目的是在自我之外，也即学习的材料、内容和学习的目的是外在于学生的。正是这种隐藏在人们脑海深处的教育观念和假设，致使教材与学生之间总处于隔阂、矛盾和对立的状态，最终使学生对教材产生抵触情绪，或者望而却步，从而对教材变得毫无兴趣。

学校中的教材脱离了学生群体能够驾驭和理解的实际生活世界，没有与学生当前的生活和经验联系起来，学习的内容外在于学生，从而使学生与教材之间产生了隔阂和对立，也使学生对教材内容的学习变得没有兴趣。因此，挫败学生学习兴趣的根本原因在于学习内容本身外在于学生的实际经验和生活，学生自己的经验不能与学习内容进行沟通，从而对学习内容产生隔阂和对峙的情绪，自然对学习提不起兴趣了。

在中学教学活动中，注重学生教材以及教辅的选择，激发学生的学习兴趣。首先，必须弄清楚教材的双重性，即教材经验的逻辑程序和心理方面。在教材的逻辑程序方面，教材已经是自身完成的东西，是最终的结果，语文、数学、物理、化学，这些都是经过分析、综合、概括和整理过的系统化的规律、公式或事实，是古今中外文化的成果。教材的心理方面，则注重教材经验的过程、步骤和意义，是经验的实际生长情况，即使琐碎、粗糙、混乱、模糊、不稳定，但对于中学生来说有心理意义。其次，将教材心理化，实质就是要建立教材与学生之间的内在联系。在中学教学活动中，教师应该用教材来解释、指导、引导学生的能力、经验和生活，抛弃把教材当成静止的、固定的结果去记忆、背诵、练习和掌握的做法，将教材还原和转化成学生个人的、直接的经验，关注学生在掌握教材所代表的成熟经验时的过程、步骤和意义。经过心理化的教材学生是有兴趣的。心理化之后的教材不再是外在于学生的静止的结果，它关注学生自己的经验，关注过程、步骤和意义，教材中的内容变成学生自己的目的和方法，变成学生关心的事物，当然能引起学生的兴趣，逐步让学生热爱学习。

二、兴趣激发要合理

在中学教学过程中，一些老师和家长急于求成，趋向于求助外在措施激发学生的学习兴趣，这样的做法并不能真正解决学习兴趣问题。让学生由于习惯当前状态而对学习产生的兴趣，缺少学生主动的思考和追求，更多的是一种机械适从，这种兴趣不具有长远性和稳固性，当学生遇见另一种他真正感兴趣的事物的时候，注意力会迅速地转移到其他事物上去，对学习由于习惯而产生的机械兴趣在这种真正兴趣面前几乎没有任何抵抗力。

此外，教师和家长依赖于惩罚换来的是表面服从，而非学生真心实意的兴趣，在出于保护自己免遭惩罚的意图下，学习兴趣更多的是一种麻痹教师或家长的表象，学生应对性服从的表象下隐藏的真实感情可能是对学习的厌恶和逆反。给学习材料或教学过程从外面插入一些对学生来说有乐趣的事物，似乎真正地引起了学生的学习兴趣，但是引起学生兴趣的并不是学习内容本身，而是那个附加物，结果反而

罚

把很多学生的注意力引到其他事物上去而不在课堂之内了。因此，借助于外在措施以激发兴趣的做法，引起的是学生表面和机械的回应，往往肤浅而又短暂，甚至还可能导致学生与教师、学生与内容之间的矛盾与冲突，在中学教学实际中，教师和家长应该合理谨慎地对待和使用这些激发学生学习兴趣的外在措施。

同时，合理奖赏对于学生学习兴趣的激发也具有重要意义。奖赏所用的强化物需要考虑学生的个体差异和不同需要。不同年龄段的、不同性格特点的学生，在所期望的奖励方面也有差异。如许多学生都喜欢老师的当众表扬，但是也有一些学生，他们不喜欢老师当着全班同学的面夸自己，因为他们担心如果自己太出众了，可能会引起其他同学的嫉妒，会与其他同学疏远，因此，老师私下的肯定和赞美更加能够激发他们的学习积极性和浓厚的学习兴趣。

有时对于某些人来说是惩罚的强化物，对其他人来说可能就成为奖赏。因此，教师的首要任务就是要确定对某个学生来说什么构成奖励和惩罚。为此，教师需要尝试行为的不同后果。对于绝大多数学生来说，当众表扬、赞赏、参与某些特殊活动都是受欢迎的。当学生上课注意听讲、积极思考、踊跃回答问题、挑战具有难度的学习任务时，教师都要给予积极的肯定。当学生上课走神、轻易就放弃努力、挑选容易的任务、不按时完成作业时，就要对这种行为采取消退的做法或给予惩罚。

三、兴趣激发有方法

为使学生能兴趣盎然地学习，在学习中获取知识、增长才干、发展智慧、陶冶情操，可采取以下几种办法培养和激发学生的学习兴趣。

1. 了解学生的兴趣，巧妙加以引导

在中学教学活动中，学生学习成绩不好，往往与学生对学习或对某门学科知识不感兴趣相关。教师和家长要通过课外活动和日常生活以及在与学生的交往中了解其兴趣的特点和内容。培养有益于学生身心健康发展的兴趣，拓宽兴趣的范围，巧妙引导学生逐步形成比较稳定的学习兴趣。帮助学生逐步确立积极兴趣，克服消极兴趣，把广泛庞杂的兴趣迁移到学校的课程学习上来。

学生的求知欲反映了学生对学习的内在需求，学生的学习动机、求知欲望愈强烈，学习兴趣也就愈浓郁。如果学生形成了浓厚的求知欲和强烈的学习动机，学生学习就会由被动学习转化为自觉主动地学习，由教师和家长的"要我学"，转变为学生自觉的"我要学"，最终形成"我爱学"的良好学习态度。

2. 结合教学，激发学习兴趣

首先，要想激发学生的学习兴趣，教师必须合理地安排教学内容。当学生对所学知识的内容既感到新颖而又感到陌生时，会在认知内驱力的驱使之下，产生对新知识的一种求知、探究、操作等学习兴趣。教师在课堂教学过程中，教学的内容要难易适度，教学方法要由浅入深。教学内容过深，学生像听天书一样听不懂，容易产生怕苦畏难的情绪，进而望而却步，降低学习兴趣；教学内容过浅，学生会感觉平淡无味，唾手可得，激不起对学习的欲望，容易丧失学习的兴趣。所以，教师在课堂教学中，要注意教学的内容难易适度、深浅适中、因势利导、循序渐进、由浅入深。在学生原有的基础之上，讲授新知识，并将新知识纳入到学生已有的知识结构之中，和原有的知识体系整合为一体，以加强和丰富学生的知识结构。只有这样，才能调动起学生的学习兴趣。学生在学习过程中，总会遇到一些内容枯燥无味，很难引起学习兴趣的知识，教师在授课时要不断改进教学方法，将枯燥、抽象的概念、原理与有趣的内容有机地结合，巧妙地穿插起来，将枯燥乏味的知识变成有趣的知识。

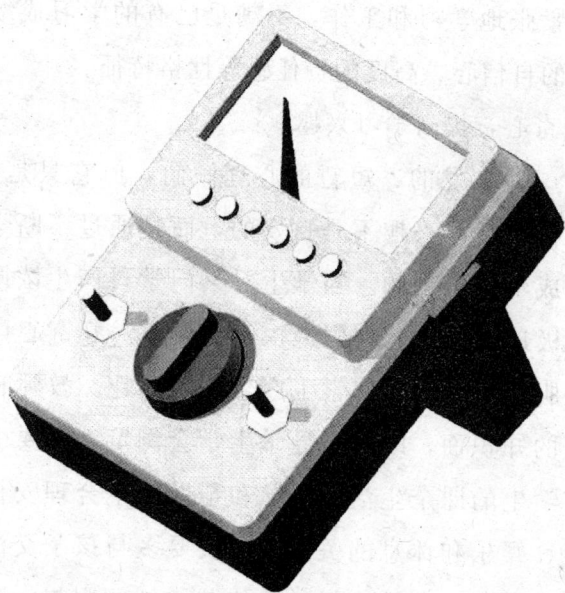

其次，在中学教学活动中，教师通过直观教学和实验教学，充分调动学生的感官系统，全方位地感受自然界物质变化的无穷魅力，有助于学生涉猎各种知识，促进学生创造性发挥，开阔视野，个性和谐

发展。根据学生学业水平精心设计课堂教学活动，选用最佳的教学方法，把握最佳的时间，传授主要的学科知识。同时做好复习巩固、温故知新工作，使教学具有科学性、系统性、趣味性。做到寓教于乐，使学生在轻松愉快的心境下，不知不觉地牢牢掌握学科知识，从而激发学生的学习兴趣。

与此同时，学生的学习活动总是由一定的动机激发，并指向一定的目的的。学习目的在学习过程中起着关键的作用。没有明确的学习目的，良好的学习动机，就不会有浓厚的学习兴趣。因此，中学教师和家长要激发学生的学习兴趣，必须注重对学生进行学习目的教育，让学生把今天的学习与今后的成长、成才结合起来，与今后的工作岗位及国家建设、民族兴盛、社会的发展紧密联系起来，追求充实的生活内容，热烈紧张地学习和工作，不满足已有的学习成绩，在实践中培养学生强烈的自信心、高度的责任感等性格特征。

3. 培养好奇心，提高学习兴趣

好奇心是一种自发的、短暂的心理倾向，但它只是兴趣的开始。学生对某门学科的学习兴趣不是自发的，而是通过不断学习活动，并不断取得学习成功而引发的。当学生对某门学科产生浓厚、稳定的兴趣时，就会积极地去思考，大胆地探索其实质。好奇心可以促进学生积极思考，大胆探究，从而使学生产生学习兴趣。教师和家长要尽可能地拓宽学生的知识面，既要引导学生学会浏览，又要引导学生学会精读。要丰富学生的课余生活，指导和帮助学生合理安排好学习，妥善处理好学习、娱乐和休息的关系。家长要多与孩子交流，多带孩子外出旅游观光，参加一些社会活动，使孩子开阔眼界，陶冶情操，丰富知识，增长才干，提高能力，培养孩子多方面的兴趣和爱好，激发学生的学习热情，调动学生的学习积极性，达到好学、乐学的目的。

4. 积极诱导，产生学习兴趣

心理学的研究表明：要使学生形成积极的学业自我概念，教师对学生的积极评价至关重要。在中学教学过程中，教师要想使学生的学习兴趣得以激发，就要对学生始终保持着积极的态度和较高的期望。调动学生的学习积极性，让学生跳一跳摘果子，把学生的学习潜能充分地挖掘出来。教师在教学过程中或与学生的交往中，要用和蔼的表情、平易近人的态度、表扬的语言、微笑的面容、欣赏的目光，对学生进行鼓励、肯定和正面的积极评价。当学生在学习上取得成功或进步的时候，教师要及时给予表扬、奖励和肯定，促使学生尽情地表现自己，让学生体验到成功的喜悦心境，增强对成功经验的重视，树立自信心，产生学习的积极性、自觉性、主动性，从而产生学习动机和学习的兴趣。

在中学教学过程中，教师要引导学生发现自身的"闪光点"，并进行积极的评价，充分进行肯定，让学生有获得成功的经验体会，把教师的赞许和肯定转化为学生学习的内在动机，从而培养学生的学习兴趣和自信心。

第三节 兴趣在于培养

一、发挥主体意识，产生学习兴趣

在中学教学活动中，课堂是在教师的组织和指导下，学生积极参与配合的教学过程，以学生为中心是这个过程的出发点。因此，组织课堂教学既要充分发挥教师的主导作用，又要切实体现学生的主体地位。

学生的主动性和积极性是决定教学质量的关键，而教师的主导作用又决定着学生的兴趣浓淡、主动性和积极性的高低。如果按照传统的教学模式，教师垄断课堂，教师当演员，学生当观众；教师照本宣科，学生洗耳恭听；教师问，学生答，课堂气氛只会越来越沉闷，教师越教越吃力，学生越学越没劲，最终，学习兴趣被湮没，学习动机被窒息。

教师的"教"是为学生的"学"服务的，教师要研究学生，要了解学生对课程学习的心理需要。一般来说，课堂上如果学生能够积极地和老师配合，表现出一种很积极自信的精神状态，给教师的反馈信息是：他们对学习是有信心的，是很感兴趣的，同时教师的"教"得到肯定。学生的"学"对教师的"教"此时就产生了对应的正面信息传递，对教师的"教"产生了积极的正面效应。因此教学活动就形成了所谓的"场"效应，教师和学生同时入戏，教师既是主角又是导演，学生同样也是主角。

在中学教学活动中，教师要积极引导学生发挥主体意识，使学生做学习的主人。学生的主体意识越强，他们参与自身发展，在学习活动中实现自己的本质力量的自觉性就愈大。教学的最终目的是为了"学"，"学"的承担者、素质体现者是学生，要培养学生主体意识，让学生真正成为学习的主人，就必须树立"以学论教"的现代教学观，避免"教师你来问，学生我来答"，学生围着教师转，主次颠倒的现象，学习是学生自己的事，要努力让他们实现主体价值，教师决不能越俎代庖，本末倒置。

与此同时，教师要在教学活动中引导学生发展自己的主体能力，学生主体能力的提高既有赖于学生积极地去汲取前人积累的文化知识经验，又有赖于他们主动地在学习活动中加以发展和提高。学生的主体能力发展水平愈高，就愈能充分利用外部条件去发展自身。反之，发展水平愈低，就愈感到无能。

因此，中学教师首先要承认学生主体性发展水平有差异，要因材施教，让不同层次的学生获得一次次成功，以期带来更大的成功。正如朱熹所言："圣人教人，各因其才，大以大成，小以小成，无弃人也。"

二、明确学习目标，养成学习兴趣

在中学教学过程中，教师可以向学生提出具体而明确的学习目标，提高学习的自觉性。有的中学生学习动力不足，主要是因为他们不知道为什么学、学什么和怎样学，从而导致学习兴趣不强烈。

进行学习目的的教育旨在使学生明确学习的意义，以增强学生的学习责任感，这是培养学习兴趣的必要条件。因此，教师在讲授一门新课和一节课之前，要让学生认识到学习的目的、任务、要求、在实践中的应用价值以及在知识体系中的地位。学习目标越具体、明确，就越能引起学习的积极性，激发学生的求知欲望，让学生热爱学习。

教师适当引导学生确立中等难度的学习目标，能够让学生体验成功，从而培养学生的学习兴趣。兴趣受能力制约，一定的能力能使人圆满完成学习任务，确保成功，这有利于兴趣的发展。中等难度的学习目标是指学生通过努力可以实现的目标。过易实现的目标不能引起学生成就感的满足，不足以产生学习动机；目标太难学生会望而却步，从而失去对学习的热情。中等难度学习目标的实现，能使学生的学习兴趣得到满足，产生愉快、惊喜等积极的情绪体验。这种由学习成功带来的愉快感、胜任感，可以增强信心，促使他们产生新的学习需要和更浓厚的兴趣。

三、活化课堂，增强学习兴趣

教育家克莱·P.贝德福特曾说："你一天可以为学生上一节课，但是如果你用激发好奇心教他学习，他终生都会不断地学习。"宽松活泼的课堂环境，不仅能培养学生的学习兴趣，而且有助于培养学生的创造性思维能力。前苏联教育家苏霍姆林斯基说过："让学生体验到一种自己亲自参与掌握知识的情感乃是唤起学生特有的对知识的兴趣的重要条件。当一个人不仅在认识世界，而且在认识自我的时候，就能形成兴趣。没有这种自我肯定的体验，就不可能有对知识的真正的兴趣。"学习兴趣与学习气氛、学习内容是紧密联系的，创造愉快的学习气氛主要取决于教师。

在中学教学过程中，教师应尽量在课堂上教态庄重而不乏幽默感，语言流畅而又寓藏诱导性，板书应清晰美观，口吻应亲切自然。教师的内心情意必须通过语言、表情、手势和辅助教具等多种教学手段表现出来，既要有感染力，又要恰如其分，真挚自然，以情感人，让学生在课堂上始终处在学习兴奋点上，主体作用得到充分发挥，将课堂创设成为一个让学生去探索发展的空间。在情境中，将教材的知识性、思想性、趣味性融为一体，增强学生探索知识的自信心，增强学习兴趣，为以后参与的教学活动树立心理优势。

与此同时，教师在教学中要大胆创新，设计课堂活动，增加学生的参与和互动，实现学习活动自主化与合作化，学习氛围的交互化，充分调动学生唤起学习需要，让学生充分展示自己，热爱学习，成为学习的主人。教师要放弃惯用的模式，大胆逆向思维，设计课堂表演，把课堂交给学生。在教学活动中，可以引导和欣赏学生演示，然后总结并拓展，让学生广泛参与活动，使每一名学生都能根据自己的特长，找自己的角色，积极参与，发挥自己的优势，从而使气氛热烈又和谐，学生也能得到非常强的创新意识及创新能力。

　　美国著名数学家哈尔莫斯在一次演讲中曾经说过："最好的教学方法不光是讲清事实，而应激励学生自己去思索，自己去动手。"在学生学习的过程中，要启发学生联系生活，大胆展开想象，主动去实践探索新知识。课堂活动是引发学生学习兴趣的主要途径。学生在学习过程中遇到困难时，如果是通过自己的努力求得答案，自己概括出定义、规律、法则等，那么他解决问题的积极性将会越来越高。这就要求教师在教学中做到，该由学生自己去探索的知识，就放手让他们自己去探索，该由学生自己获取的知识，就尽量让他们自己去获取。学生在探索过程中思维受阻时，教师只作适当的提示和暗示，让学生体会到所学会的知识是自己"发现"的，自己"创造"出来的，从而使其体会到自己的成功和进步，最终发自内心地爱上学习。

四、多样教学，巩固学习兴趣

教学方法是教学过程的基本要素之一，直接关系着教学工作的成败。如果教学不得法，就不能激发学生的学习动机，从而导致学生厌学。教学过程，是师生合作、共同探索未知、创造的过程，教师要在教学实践中充分体现以学生为主体，教师为主导的原则。激之以情，教之以法，为学生获取新知识搭建舞台，让学生以极大的热情投入，体验获取新知识的快乐。

同时，教师要根据教学任务、教学内容和学生年龄特征，确定课型，创设情境，设计教学程序，并辅助于现代教育技术手段，采取灵活多样的教学方法。在教学过程中，教师可以结合教材的特点，采用不同的教学方法。在课堂上缩短讲授新知识的时间，根据学生的直接兴趣和客观对象的鲜明特点，遵循"学无定法，贵在得法"的原则，恰当地选择和灵活运用不同的教学方法，在教学中始终注意促进学生学习兴趣的发展。

在中学教学活动中，教师可以适当采用任务激励的方法，对于那些兴趣不浓的学生，教师可以适度地给他单独布置一些学习任务，并根据学生完成的情况给予恰当的鼓励。习惯养成之后，学生便会自己在学习中寻找任务。完成任务的过程中，教师要对学生的积极性、认真态度、创造性的努力，及时给予表扬，以激发他们的兴趣。随着一个个任务的完成，及时给予表扬和鼓励，培养学生一个接着一个的成就感，不断堆积兴趣，来推动学生的学习，让学生爱学习。

此外，可以利用群体心理的作用，发挥较多学生的共同点，带动全体学生的兴趣点。群体心理与个体心理是密切关联的。学生个人作为群体的成员，其心理状况必定会受到班级群体心理倾向的感染与影响。因此，在中学教学活动中，教师可以采用战略性激励的方法，将学生分成若干个小组，把一个阶段的学习作为小组的目标，明确每一名学生在小组中的责任与权利，全面发挥他们的积极主动因素，改变以往学习只是个人的事的心态，这样能够促进班集体全面产生学习兴趣，从而形成集体爱学习的良好班风。

第四节　学习中的兴趣效应

古人说："教人未见其趣，必不乐学。"因此，运用学习中的兴趣效应，合理调动学生的学习兴趣，关系到教学的成功与否，只有当学生对其学习内容产生兴趣，才会乐意去学，才会去积极思维，才会受教育于轻松愉快之中，才会发自内心地热爱学习。

一、兴趣对学业成就的影响

从学习心理学的角度来看，学习兴趣与学习的关系主要表现在：当学生对某门学科产生学习兴趣时，他就会产生力求掌握该学科知识的需要，使自己的心理活动处于积极状态，而学习效率的提高又会加深他对该学科的兴趣，所以养成良好的学习兴趣至关重要。因为兴趣是人们力求认识某种事物或爱好活动的稳定倾向。它不但能推动人们去寻求知识、钻研问题、开阔眼界，而且对于一个人走向成才之路也有重要的促进作用，因此，古今中外的人都十分重视兴趣在学习中的作用。

西方的一些研究者分别研究了个人兴趣和情境兴趣对学业成就的影响。这些研究主要是运用相关的方法进行的。关于个人兴趣对学生学业成就的影响，学者对一系列的研究结果所进行的充分分析表明，

兴趣和成就之间的相关，接近 30％。然而这一关系也与性别、学科、年级因素有关，兴趣和学业成就之间的关系在高年级更强。关于情境兴趣对学业成就的影响，在中学教学过程中，有兴趣的课堂教学和学习材料对学习成就有很大的影响。课堂教学的成功与否，与学生的学习兴趣密切相关。教师在课堂教学中若能激发学生的学习兴趣，为教学服务，则能使教学收到事半功倍的效果。

二、教师与学生学习兴趣的关系

教学是师生间的双边活动，在这种双边关系中，教师是能动的，并且处于支配和领导地位，学生是受教育者，处于被支配的地位。但学生是教学活动中的主体，是学习的主人，他们在教师的指导下完成学习任务。

1. 建立良好的师生关系

如果教师能与学生建立一种良好的既像朋友又如母子、父子一般互相理解、互相信任、互相尊重、互相关心的师生关系，这将对教学起到一种积极的促进作用，将为教学的优化打好基础，有了这个基础，教学就已经获得了一半的成功。师生情感是在认知活动中产生的，反过来又给认知活动以强烈的影响。

教育不仅是一个理智的教学生认知的过程，更是一个培养学生情感意志的过程。所谓"亲其师，信其道"，教师热爱学生，对学生寄予希望，学生在心理上就会得到满足，从而乐于接受教师的教育，能较快地把教育的要求内化为自己的需要，并为满足需要去努力。正如苏霍姆林斯基在其名著《帕夫雷什中学》中所指出的，一个好教师"首先意味着他热爱孩子，感到跟孩子交往是一种乐趣，相信每个孩子都能够成为一个好人，善于跟他们交朋友，关心孩子的快乐和悲伤，了解孩子的心灵，时刻都不忘记自己也曾经是个孩子"。所以教师多与孩子进行情感方面的交流，关心学生、爱护学生、尊重学生、理解学生，对调动学生学习的积极性，提高学生学习的兴趣是非常有效的。

实践表明，教师的威信越高，学生的学习热情越高。教师威信的形成与巩固取决于他自身的条件。教学水平高，教学经验丰富，课教得好，能激发起学生的学习兴趣。

2. 教师要优化课堂语言，激发学生学习兴趣

教师在上课时，要用自己的语言美激发学生的兴趣。教学语言是教师的教学外表，教师的课堂语言艺术对激发学生学习兴趣是相当重要的。美丽、动听、恰当的语言给学生美的享受，如沐春风；单调、枯燥、乏味的语言容易使学生厌烦。因此教师要优化教学语言，课堂教学语言应当精练、生动，富有激情，幽默风趣、逻辑性强、讲求文采。例如：成语、俗语、歇后语的恰当运用，扣人心弦的故事讲述，惟妙惟肖的体态语展示，都是学生最感兴趣的。语调要有起伏，有时为了突出重点，声音突然放高，以引起大家的注意，并使个别不专心的学生为之一震；有时讲到一个精彩的片段，放低声音，同样也会引起学生的注意；并促使学生细细品味；有时突然来个停顿，此时无声

胜有声。教师每堂课在优化教学语言的同时，还应当利用体态语等一些临场辅助手段。具体包括：眼神、表情、动作、声音、语速、语调、激情和步履等等。如果缺乏这一临场辅助手段，即使是优美的语言，也只不过是给学生朗读一篇优美的作品而已，学生的学习兴趣和有意注意力必定大打折扣。捷克教育家夸美纽斯在《大学教论》中说过："一个讲课动听、明晰的教师，他的声音便像油一样浸入学生心思，把知识一并带进去。"

3. 教师要了解每一个学生的心理

教师除了在教学中不断提高教学水平，总结教学经验外，还要深入了解学生，摸清他们的心理特点，先做他们的好朋友，才能做他们的好老师，教师也应注意为学生营造一个积极向上、团结互助的学习氛围。

4. 教师要提高自身的业务素质

教师教学水平的高低，会直接影响到学生学习的积极性，教师要有扎实的教学基本功，能讲一口标准的普通话，有一定的演讲技巧和课堂组织能力。要给学生一碗水，自己必须有一桶水，教师要有广博的知识面，不断接受新知识。科学技术日新月异，不及时学习就要落后。教学是一门艺术，需要多才多艺。学生喜欢博学的教师，对自己崇拜的教师所教的课程学习积极性就高，对自己鄙视的教师所教的课程学习兴趣差。

总之，学生学习兴趣的培养和形成靠多种因素，既有助于教师的"教"，更有助于学生的"学"。教师应当在实践中不断学习、不断总结，合理利用学习中的兴趣效应，以便学生养成对学习的兴趣。

第六章　学习热情——制胜的秘诀

热忱是一种无穷的动力，因此你要理智地克制它，智慧地运用它，以求进步的表现。

——【美】唐拉德·希尔顿

学习热情是学习过程中给人以鼓舞、激励人去实现和达到学习目标从而逐步迈向成功的制胜秘诀。在中学教学过程中教师要勇于探索、不断总结，灵活运用教材和教学方法。从学生的情感需求、认知规律、性格特征等方面考虑，运用多向性、趣味性的教学方法，调动学生的学习积极性和创造性，点燃学习的热情。

第一节　学习需要热情

一、热情可以是多种多样的

　　热情的源泉就是责任，这种责任当然是越崇高越好，学生在中学学习阶段可以以国家复兴为己任，也可以以实现自身价值最大化为己任，可以以赢得社会认可获得社会地位为己任，可以以家庭责任为己任，这些都可以作为热情的来源。如果我们只认为学习就是为了自己，那么获得热情的几率就比较小。

　　在中学教学过程中，教师可以适当引导学生善于发现属于自己的学习热情，只有找到真正令自己在学习过程中激情澎湃的热情来源，才能够为自己的学习进步提供不懈的动力。

　　热情的来源是多种多样的，有这样的一个例子：

英国著名诗人和剧作家王尔德创作的时候一定要把文坛对手的照片摆在面前，才能写出好作品，是出于对对手的仇视才激起了他创作的热情——尽管这显然只是他创作热情的一部分。而越王勾践卧薪尝胆，则是把耻辱感作为热情的来源。

二、适量的虚荣激发热情

在日常生活中，"爱慕虚荣"常常用来贬低某些不踏踏实实学习、一味追求名气的人。不过，从好的方面来讲，企图获得他人赞赏的心理其实是人人都有的。如果一个人不具有渴望得到别人赞赏的心理，他就会变得对任何事情都漠不关心，也就丧失了做好任何事情的热情。反之，那些虚荣心强的人，才会不断地寻求事业的成功，充满热情地学习和工作。

学习中也应该具有旺盛的虚荣心，中学教师可以适当引导学生从每一次成绩的提高中感受成功的快感，把成绩的下降视为一种耻辱，这将为学生提供强烈的努力学习的动力。与此同时，在中学教学过程中，教师要及时地引导学生不要试图去否认自己原本已经具有的虚荣心，更不要以此为耻，而要把这种心理作为热情的来源，敦促自己不断地去取得进步，从而发自内心地热爱学习。

有这样一则故事：

英国著名外交家查斯特菲尔德在给儿子的信中写道："我反倒认为：人类具有虚荣心乃是一件好事，假使人们喜爱我的某一点，而因此造成我的某种虚荣心，这种虚荣心反倒成为了敦促我向上的原动力。……我认为若无虚荣心的推动，就绝无今天的我。为此我强烈主张，你应该和年轻时的我一样，拥有旺盛的虚荣心。没有任何方法比虚荣心的助力，更能使人快速地成功。"

三、让成功唤起热情

在管斌全的《学习成功——中学生成就梦想的15堂必修课》中讲了一个教授如何激起一个叫林刚的学生的学习热情的故事。

他先让林刚明确了自己奋斗的目标——考上北京大学，然后，让林刚拿起笔写下自己如果真的能考上北京大学，可以获得哪些美好的前景，于是林刚构思了很久，写道：

1. 让所有认识我的人对我刮目相看。

2. 为自己争气，为爸妈脸上争光。

3. 成为65中历史上第一个考取北京大学的学生。

4. 找到一份挣大钱的工作。

5. 领略燕园的秀美风光。

6. 游故宫，逛天安门，爬长城。

7. 接受最好的高等教育。

8. 对那些看不起我的人说："我是最棒的！"

9. 获得足够的自信，我有信心去实现其他的目标。

相信不仅是林刚本人，很多人在看了这几点之后，也会觉得学习成功是一件多么令人向往的事情。人总是生活在现实中，但人也总是生活在自己的思想中。只要勇敢地把自己想象成为一个已经获得成功的人士，实际上就已经获得了成功的喜悦、获得了成功的信心，并获得了不断成功的渴望。

在中学教学过程中，教师要启发学生对成功的幻想，因为枯燥的目标一旦转化成为生动的想象，自然会给人一种热情澎湃的感觉，从而在学习过程中充满热情，一步一步地走向真正的成功。

四、用心点燃热情

在中学教学过程中，一个好老师不仅要有渊博的知识、过硬的专业本领、爱岗敬业的奉献精神，而且要具备教育的艺术，以爱心为前提，以育人为宗旨，巧妙地运用艺术化的教育方式点燃学生的学习热情，引导学生全面健康发展。

点燃学生的学习热情，是开发学生学习潜能最艺术的教育方法。兴趣是成功之母，而学习兴趣和热情的培养对于大多数具有厌学症的学生而言显得尤为重要。

1. 要用"大爱"点燃热情

在中学教学活动中，教师要发展学生特长，培养学生个性，教师本身就必须是兼容并蓄的大家，能善于发现学生的闪光点。要研究分析每一个学生的个性、爱好、兴趣和热情所在，不能歧视学习成绩差的学生，不能对行为习惯差的学生采取"一刀切"的管理方法，最好的教育方法是春风化雨，本着学生身心健康发展的原则，本着开导学生形成正确的生活观、健康的娱乐方式、科学的学习方法的原则，去纠正学生不良的行为习惯。老师要用人格感化学生，达到身教重于言教的效果。

2. 用全面发展的理念去点燃学生的学习热情

全面发展对于教育者和受教育者都非常重要，素质教育已经为应试教育敲响了警钟，虽然新课程改革的步子跨得较大，考试与素质教育已基本协调一致，但不容忽视的是，由于教育评价机制上存在的某些问题导致部分学校、部分老师，只重视学生的智育（实际上说的就是分数），少数中学教师以学生的学习成绩好坏作为衡量一个学生是否优秀的标准，部分学生家长也是如此，唯孩子的分数至上，导致一些品德优良的学生，有特长的学生学习热情丧失，制造了一些只会考分数的"机器人"。

因此，中学教师要以全面发展的理念点燃学生的热情，让学生爱人生、爱祖国、爱亲人、爱朋友、爱自己、爱学习、爱劳动、爱唱歌、爱运动。只有全面的爱才能唤醒每一个学生身上创造的潜能。

3. 要用耐心、细心点燃学生的学习热情

通常，我们在学习过程中所理解的学习并不只是狭义的课本学习，而是广义上的学习：学习优良品德，学习科学的学习方法，学习健康的行为习惯，学习探究问题的能力。要点燃学生的学习热情，教师必须要有耐心和细心，有了耐心才能使学生"学而不厌"，有了细心，才能使老师"诲人不倦"，才能使学生的学习热情之火越燃越旺，达到较理想的教育境界。

第二节　在数学学习中激发热情

如何培养中学生在数学学习中的积极性，让学生在课堂学习中对学习萌发热情，是摆在教师面前永恒不变的主题。著名心理学家布鲁纳指出："探索是数学教学的生命线。"教师的作用是引导学生探究，激发他们的求知欲，增强他们主动探索的能力，从而在潜移默化中让学生爱上学习，因此在数学教学中学习热情的培养显得很重要。

兴趣是学习的先导，兴趣是热情的催化剂，学习兴趣一旦形成，学生便会有强烈的学习热情，就能积极主动、心情愉快地学习。孔子说："好知者不如乐知者"就是这个道理，学习数学同样离不开兴趣和热情，特别是数学课堂上，教师更应该会激发学生学习热情，从而提高教学效果，让学生发自内心地热爱学习。

一、"入"能得法，"导"有趣味

好的开头是成功的一半，很多有经验的中学教师都非常重视课堂教学过程中的导语。导语设计得好，可以集中学生注意力，激起学习兴趣和热情，引发学习动机，引导学生进入学习状态。

课堂教学是数学教育的主战场，一节课上得好与坏，学生易接受与否，直接关系到数学教育的实践是否到位。一位语言精练、干脆、幽默风趣的教师能带来一堂生动有趣的课，比单一的注入式教学丰富得多，学生接受得也更多一些，更有实效性。一些经验丰富的老师采取思维激励法，错误答案由学生寻找，使学生在学习中感到有趣、有惑、有得，使学生乐学。一些教师利用夸张的语言艺术也深深地吸引了学生，从而大大地激发了学生的学习热情，教育效果当然好。

清人李渔说过："开卷之初，当以奇句夺目，使人一见而惊，不敢弃去。"起始课，若人能得法，导有趣味，不但能将学生在课间休息时散放的心很快吸引到课堂学习的目标上来，而且能引人入胜，激发同学们听课情绪，甚至对这堂课的成功，乃至整个数学教学的成功都会产生直接的影响。导入的作用是引起注意、激发动机、建立联系和组织指引。当然，引导要得当，不要喧宾夺主，占用过多的宝贵时间。引导的内容要与课题联系紧密，才能更快让学生回到课堂上。

　　例如：在教三角形内角和定理时，一位教师是这样进行的：先让学生任意画几个三角形，量出每次所画的三角形的三个内角的度数，然后，老师对学生说："你们敢不敢考考老师？只要你们说出任意两个角的度数，老师就一定能够说出第三个角的度数。"话音一落，学生学习情绪一下就高涨起来了，都想难倒老师，但都被老师答对了。老师问："你们想不想知道其中的秘密呢？"学生们齐答："想。"这样圆满地完成了新课的导入。老师先用学生活动的模式让学生考老师，以引起学生的注意，从而激发起学生也要学会的强烈动机；教师的引入既建立在已学的基础上又完全紧扣新知识，加强了新旧知识之间、知识与引入之间的联系。指引学生三角形内角和是有规律可循的，揭示了本节课的教学目标。

二、创造成功机会，培养学习热情

热情有赖于成功，这是心理学给我们的又一启示。事实证明：一般情况下，不断获得成功，经常得到表扬的学生，学习兴趣在不断地巩固，学习热情也在不断地高涨；而屡遭失败，经常受批评、斥责的学生，其学习兴趣就会日渐衰减，直至完全丧失了学习热情。由此可见，热情和成功是紧密地联系在一起的。

因此，在中学教学过程中，教师要激发全体学生的学习热情就要创造条件，使每一个学生都有获得成功的机会。课堂提问中，较难的问题尽量请水平较高的学生回答；较容易的题目则要请水平较低的学生回答。不可让回答问题成为优秀生的"专利"，否则会让差等生自暴自弃，降低学习的兴趣和热情。当学生在回答问题遇到困难时，教师应适时地、恰到好处地、巧妙地给以启发、指点和鼓励，使学生能够顺利完成任务。这样因人而异、难易有别的提问，使每一个学生都可能取得成功而受到老师的表扬和鼓励，从而感受到成功的快乐，学习热情自然就浓了。

有这样一则案例：

班上有这样一位学生，数学基础差且胆子小，怕老师提问。老师在课堂上提一些较容易的问题要他回答，开始他不敢回答，在老师的微笑、信任的眼神和鼓励的话语下，他回答得很好。全班同学给予了热烈的掌声，使该学生感到莫大的欣慰和鼓舞，数学成绩一步一步提高了。

经常运用表扬、奖励的手段鼓励学生，特别是那些基础较差、成绩落后的学生，只要有进步，哪怕是微小的进步，教师也要及时表扬，这样才能使他们对数学这门课程产生浓厚的学习兴趣和强烈的学习热情，从而让学生爱上学习。

三、创设游戏情境，提高学习热情

在中学教学过程中，教师可以适当地根据数学学科特点和学生好动、好新、好奇、好胜的思维特点，设置游戏性情境，把新知识寓于游戏活动之中，通过游戏使学生产生对新知识的渴望，让学生的注意力处于高度集中状态，在游戏中得到知识，发展能力，提高学习热情。

在教学中，单纯的知识教学会使学生感到枯燥乏味，为了激发学生的学习兴趣，让学生喜欢学习，就要从学生身边熟悉的事情出发，根据教学内容，创设生动有趣的活动情境，每个学生都扮演情境中的一个角色。这样，学生上课就是在情境中参加各个活动，在活动中学到知识。学生不仅学得轻松、愉快，学习效率也大大提高。

例如：在教学"具有相反意义的量"这一课时，把一节课的内容编制成"有理数大家庭"这样一个情境，把例题和练习题设计成家庭里发生的事情，让学生扮演了正整数、零、负整数、正分数、负分数、整数、分数等角色。在"有理数大家庭"里，哪些属于整数，哪些属于分数……学生在游戏中得到了学习的乐趣，在乐趣中掌握了知识。

四、优化练习设计，发展学习兴趣

练习是巩固所学知识，形成技能、技巧的必要途径，是中学教学的一个重要环节，是理论通向实践的桥梁，是学生学习成果体现的载体，也是检验教学成败的关键。如果学生在练习中看不到自己的学习成果，体会不到成功的喜悦，长此以往就会失去参与的积极性。

因此，在中学教学过程中，教师要重视练习的设计，要有梯度，不仅仅限于完成书面习题，有时也可以用游戏或竞赛的方式。变化的学习方法比单调的练习更能提高学生的兴趣。对于那些思维敏捷、基础扎实的学生，应为他们选择一些难度大、易于开发思维的题目。对学习一时有困难的学生，作业量要小些，题要容易些，总之要力求体现多样性、层次性、趣味性，使不同层次的学生在练习的过程中都有所得，都有自我表现、获得成功的机会，感受成功的喜悦；体会到学习知识的无穷魅力，从而自觉地去获取知识，产生学习的欲望，由"要我学"变为"我要学"，激发起探究知识的积极性，最终形成热爱学习的好习惯。

五、活动实践，激发学习热情

在中学教学过程中，数学活动课形式多种多样，教师可以教给大家未知的数学知识，也可以把所学知识应用到实际生活、学习当中。数学活动课要抓住学生好奇心强、对新颖事物有很大兴趣的特点，适时地教给同学们相应的知识。

例如：在大街小巷风靡买体彩、福彩之际，可以先简单教一些排

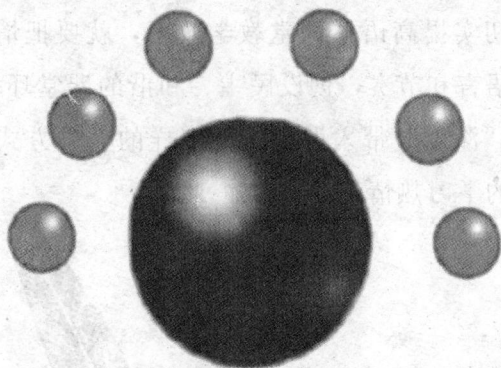

排列双色球

列组合相关知识，不在于是否真掌握，而在于用此来计算中奖概率，满足学生们的好奇心，让学生们理解数学知识可用来指导生活，别再抱有"天上掉馅饼"的天真想法，树立认真学习数学的信心。

福建师范大学余文森教授曾经指出："结论与过程的关系是教学过程中面临的一对十分重要的关系。有时过程比结论更具有意义：它能唤起探索与创造的欢乐，激发认知兴趣和学习动机；它能展现思路和方法，教人怎样学习，它能帮助教师提高学生的创新能力。"数学活动教学是一种让学生经历知识探究过程，发现新知识、新信息，提出新问题、解决新问题的创造性学习。把以上的各种方法巧妙地糅合在一起，自成一格，做到课上有新，课后有异，紧紧地抓住学生爱玩的心理，激发他们的学习热情，使学生逐渐地从学会走向会学，从传承走向创新。

第三节　在语文学习中培养热情

语文课堂教学的目标是使学生获取知识、形成技能、训练思维和养成良好的学习习惯，而调动学生学习热情是达到这一目标的主要途径之一。要想切实提高语文课堂教学效率，就要把情绪融入课堂，运用富有情感的语言和节奏，创设民主、和谐的课堂环境，并把"讨论"带入课堂，把"深度"带入课堂，把多样的教学方式用于课堂，以期全面调动学生的学习热情。

一、"情绪"融入课堂，带动听课热情

刘勰在《文心雕龙》中这样写道："夫缀文者情动而辞发，观文者披文以入情。"的确，从古到今，名篇佳作之所以传诵千古，流芳百世，是因为诗人作家的笔墨饱含着自己的思想感情，有的甚至凝聚着心血和生命。面对这样的佳作，我们讲课怎能无动于衷呢？在中学教学过程中，学生是课堂的主人，在课堂中起主体作用。只有教师把激情传递给他们，才能更好地激发他们的学习兴趣，诱发他们的积极思维和求知欲望。

二、语言富有情感和节奏，调动学习热情

苏联著名教育家苏霍姆林斯基说："课，是点燃求知欲和道德信念火把的第一颗火星。"即有激情的课堂教学，能够使学生带着一种高涨的激动情绪从事学习和思考。

学生的激情需要老师充满情感的语言去带动，而语文教学语言的情感是指语文教师在深刻体会语文教材的思想内容后发自内心的、饱含热情的真情实感。富有情感表现力的语文教学语言能引起学生的共鸣，起到"润物细无声"的潜移默化的效果。语文教学语言的节奏，是指由语文教师内心的情感引起语言快慢急缓的变化，并和语言的轻重强弱、语句的断连疏密、语气语调的刚柔抑扬有机结合，融为一体。语文教学语言的情感不能随意而发，也绝不能矫揉造作，一定要依据语文教材的内容，才能达到以情动人的效果。

同样，语文教学语言的节奏也要根据语文教材的内容和课堂上学生的情绪巧妙地控制和调节，不能为了节奏而节奏。快慢得当、轻重有度、张弛适宜的节奏是为了更好地吸引学生，调动他们的积极性，达到启发性的教学目的。教师若在课堂 45 分钟内自始至终用一个腔调，平铺直叙地上完一节课，学生容易产生厌倦心理，上课没精打采，昏昏欲睡。

苏霍姆林斯基还曾说过："如果你想使知识不变成僵死的、静止的学问，就要把语言变成一个最重要的创造工具。"教师在讲重点、难点、疑点时，需要学生思考，应稍停顿或拖长语音或者提高语气，通过手势、眼神、面部表情引导学生重视并诱导思考。语文教学的感召力也来自教师语言的风采。教师如能运用精练、准确、抑扬顿挫的教学语言，运用脍炙人口、内涵深刻的警句，并适时插入一些颇具情趣

的短小故事、幽默逗人的比喻、发人深省的典故等，就能调动学生的学习热情，拨动学生的心弦，培养学生学习语文的兴趣，从而提高语文课堂教学效率。

三、创设民主、和谐的教学环境，培养学习热情

心理学家罗杰斯曾指出，一个人的创造力只有在其感觉到"心理安全"和"心理自由"的条件下才能获得最大限度地表现和发展。教育学研究也表明，人在轻松、自由的心理状态下才可能有丰富的想象，才会迸发出创造性思维的火花。

由此看来，语文课堂教学要实现有效教学、培养学生强烈的学习热情，营造一个民主、宽松的教学环境必不可少。许多卓有成效的语文教师之所以取得教学的高效率，其诀窍之一正是贯彻教学民主原则，给学生充分的自由。在中学教学过程中，我们不难发现，当学生被尊重，其情感被激发的时候，他们会表现出听得专心、说得由心、读得用心、写得贴心的特点，并且这一学习过程会让他们回味无穷，难以忘怀，很好地激发了学生的学习兴趣，提高了学生的学习效率。

激发学生情感的主要途径有：角色朗读、音乐渲染、情境再现、艺术性描述、联系学生自身生活经历等等。教师要深入研读教材，注重课堂语言表达，挖掘文本情感之美，通过音乐让学生沉浸于文本营造的氛围中；通过朗读让学生体味作者内心情感的迸发，引起共鸣；通过回顾自身生活经历来唤醒学生相应的情感体验；通过情境再现的方式来拉近作者和学生心灵上的距离。

此外，中学教师自身也应该充满激情，深入挖掘体悟并且利用文本中的情感因素，从而感染学生，调动学生的学习兴趣。教师要保持愉快、乐观的情绪，让师生之间、生生之间、师生与文本之间获得情

感上的共鸣，这样，师生思维也就异常活跃，学生自然爱学。

四、"讨论"带入课堂，激发发言热情

在中学教学过程中，有些教师无论讲什么内容，都要采用小组合作学习的方式让学生进行分组讨论，有些教师甚至把"自主、合作、探究"作为一种固定的教学程序，有些明显无需探究的问题也每节课照着去做。

从表面看，课堂气氛异常活跃，但是，从实际效果看，动辄讨论反而会使学习浅层化、庸俗化和形式化。所以，此小标题所言之"讨论"绝非乱讨论而是"真讨论"，是对真正需要讨论的问题进行讨论，即对学生中存在的相异构想进行讨论，进而提高学生在课堂上的发言热情。因为学生在学习某一项知识之前，头脑里并非一片空白，而是存有"相异构想"，教师在课堂上能够合理地安排"讨论"环节，激发学生的发言热情显得尤为重要。

语文不同于数理化，不是每个问题都有确定无疑的答案，而是有一定的弹性。特别是对赏鉴性的课文中的某些问题，如果一定要给定一个标准化的、固定的答案，就失去了语文课的艺术性了。还是允许学生发表自己的见解为好，不必苛求同一。

五、"深度"带入课堂，点燃思维热情

有人批评我们的课堂有"温度"无"深度"，学生们"小脸通红，两眼发光，小手直举，小嘴常开"。虽然让人感受到热闹、喧哗，但极少让人怦然心动，究其原因，就是课堂缺少思维的力度和触及心灵深处的精神愉悦。其实，课堂的活跃不只表现在外在的形式上，更表现在课堂的内涵上。一节课里没有学生的讨论声，但只要他们的发言是有质量的，是自己深入思索后的见解，只要他们的思维是活跃的，这堂课就是活跃的，同时在潜移默化中点燃了学生们的思维热情，充分地开动了大脑进行思考，从而逐步热爱学习，能够在课堂上更加踊跃

地表现自己。

第四节　在英语学习中提高学习热情

在中学教学过程中，教学活动是一个双方面的活动，教师只有注重激发学生的学习兴趣，勾起他们学习的热情，发挥他们的主动性和创造性，才能让他们愉快、自信地学习。刚进校门，学生们学习英语的气氛浓厚而热烈，这是因为他们感到好奇，还未受到挫折，所以在学习时才会有强大的动力和浓烈的热情，才会稳健地迈开积累的步伐，同时，在英语学习的起跑线上才更有爆发力。

一、师生情感交流

在中学教学过程中，教师要用一颗宽容而博爱的心去对待每一个学生，要平等对待每一个学生，也就是说一碗水要端平。特别是对待学习有困难的学生更应给予关爱，课后可以了解他们的学习困难并帮助他们解决，课上可以设立一些相对简单的问题让他们去思考回答，让他们体会到成功，提高学习的热情和信心。

英语课堂中，教师只有注重与学生的感情交流和沟通，才会建立起良好的师生关系，学生才会有热情来学英语，他们的想象力和积极性才能得到充分的发挥，在平时的教学中英语口语的练习是激发他们学习英语热情的好方法。

例如：教师在平时的教学中教 enjoy doing something 时，常常给出这样的示范，I enjoy eating apples. What about you? 然后由学生回答 I enjoy... 并且由另外的学生回答 She /He enjoys... 来体会人称和数的变化。通过情景教学，学生们的学习热情不断被激发，对英语的恐惧感也不断消失，慢慢地就可以用英语表达自己的思想，和老师、同学交流。

二、激发学生表现欲

在英语课堂教学中，为了提高英语课的教学效果，提高学生的学习热情，中学教师要根据不同的教学内容、不同的教学对象设立不同的教学方式，采用最吸引学生的方式、方法来吸引他们的注意力，这样他们才能积极而主动地参与到课堂中来。

例如：在教打电话的对话时，可以让学生带两部电话到课上先用汉语进行表演，然后打开录音机让他们体会一下英语的表达方式，再来学习课文，学生的印象就会深刻得多，等学好对话后再让学生用英语进行表演，让学生了解英语和汉语表达方式的异同点，运用了实物，学生的参与意识往往非常高，一堂课下来，基本上人人会用英语打电

话。在这样的教学方式下我们不但完成了教学任务，而且调动了学生今后学习英语的积极性，使他们的思维处在一种愉快而又紧张的运转状态中，认为英语课也是贴近我们的生活而且又很有意思的，何乐而不为呢？

三、调动课堂氛围，增强学习热情

英语中有一句俗语 "Lifeless，faultless." 这句话讲得好，在中学教学过程中，一个优秀的英语教师在课堂上应该经常鼓励和赞扬学生而不是总去批评他们。在口语训练时我们不是常讲 "The more mistakes you make，the more progress you will make" 吗？这样让学生真切地感受到老师对他们的一腔真情和爱意，他们才能在充满爱的氛围里埋头学习，才不会失去学习的热情。

罗丹说过，美是到处有的，对于我们的眼睛，不是缺少美而是缺少发现。在班级课堂上，即使最差的学生也有闪光的一面，最完美的学生也有缺点，教师的眼睛盯住什么就肯定看到什么，如果教师能用一种欣赏的眼光、审美的性情去看一个人，就必定能从他身上发现美好的东西，就会更多地采用表扬、赞许、鼓励的手段去激励学生。不管学生问题回答正确与否，教师都应该给予恰如其分的评价。

例如：学生的回答正确时，教师要给予积极的肯定："Good/Very good/Excellent/Well done/Good job/Thank you，etc." 学生答得不完全或不太正确时，更应该给予鼓励："Better than last time." "I'm afraid your answer is not right. Please think more about it. I'm sure you can do better next time."

这样不管是学得轻松还是学得有一些困难的学生都会受到感染，得到鼓励，对教师产生信任和尊重，激发学习热情，从而取得满意的学习效果。

四、生动教学，提高学习热情

在中学教学过程中，许多教师总在思考这样一个问题，为什么有些题目自认为已经讲得很清楚了学生还是没有掌握或者掌握得不够牢固，而这些问题也不是很难。细究下来就会发现，一些教师总是"旧调重弹"，学生感到枯燥无味，上课时处于一种似听非听的状态当中，从而丧失了学习的热情。

在英语课堂教学中，如果教师可以改变角度，使之新颖奇特，学生就容易接受多了。爱美是人的天性。当代的中学生身处这样一个瞬息万变的时代，他们时刻引领着时代的潮流，他们敢于接受新事物，勇于接受新事物，如果教师能发掘并善于利用这些因素，进一步引入到英语教学活动中，让他们在感受美、追求美、欣赏美的体验中轻松愉快地学习，他们将牢牢地保持对英语的新奇感，从而学习英语的热情就会不断高涨。

多媒体这一现代教育技术引入到课堂教学大大活跃了课堂气氛，激发了学生的学习兴趣，提高了学习效率。它具有形象性、直观性、生动活泼、信息容量大、知识结构应用面广、效率高、效果突出等特点，打破了传统的教学模式，使传统教学中的课本、黑板、粉笔、挂图、实物等与计算机、投影仪、幻灯片、录像有机结合，产生多媒体教学整体优化效应，构建出一幅立体教学模式，使动画与声音相结合，唤起了学生的思维，开发了学生的听说潜能，提高了听说能力，激发了学生强烈的探索欲望，把学生的听说潜能释放出来，从根本上激发了学生的学习兴趣，提高了学习热情。计算机在课件教学方面有着广泛的运用，它能很好地将声音、图像、文字结合起来，使学生有身临

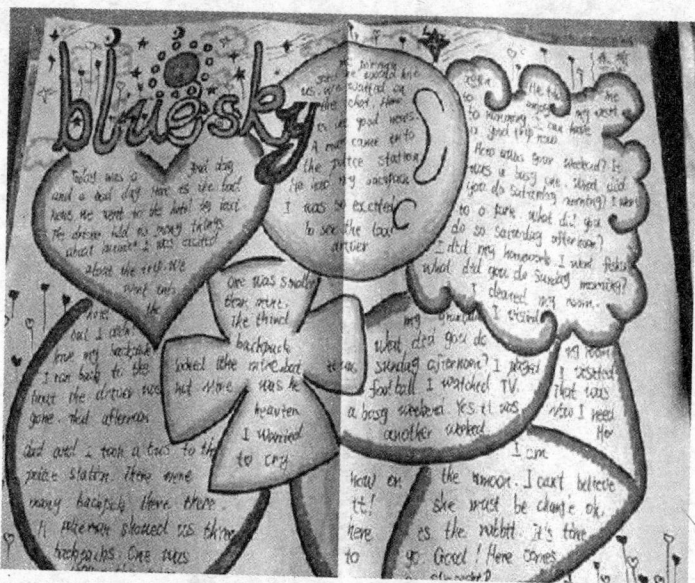

其境的感觉。在课件制作中，教师需要认真研究教材，结合学生的实际情况而制作出生动活泼、学生所喜爱的动画，使学生在轻松、愉快的氛围中学习英语，从而热爱学习。

第五节 在理化生中培养学习热情

一、爱上学物理

热情是学习的动力，学生的热情越高，自觉性就越高，主动性就越强。在中学教学过程中，教师要让学生对物理有较高的热情，就需要增强学习的趣味性。

物理是一门趣味性很强的学科，因为它与人类的生活、生产实践结合得相当紧密。物理教师只要认真留心生活、关心科技动态，就可以找到许多有趣的物理现象并把这些现象有机地融入课堂中，从而达到增强课堂气氛、培养学习热情的目的。

另外，物理是一门实验性很强的学科，学生对实验有着浓厚的兴趣和强烈的热情。物理教师可以充分利用实验室的器材做好演示实验和学生实验，也可以自己制作一些简易的实验给学生观看，还可组织、引导学生自主开展家庭实验，充分利用物理活动室。只要教师有意识这样去做，就一定可以收到较好的效果。同时，培养物理学习热情还必须加强物理情景教学，要让学生在具体的物理情景中去体验和感受学习物理的乐趣。在学习的过程中要让学生有所收获、有所成功，在收获成功中去享受快乐。只有学生感觉到学习物理是快乐的、是美好的，他们才会对物理感兴趣，才会自觉、主动地学习物理。

二、爱上学化学

在中学教学过程中，培养学生学习化学的热情，要充分运用化学实验，创设真实情境。教师在授课时，要做好每一个演示实验，将学生的注意力吸引到所要观察的关键现象上来，深入分析，加深学生对知识的理解。同时在课堂上要创造条件，增加学生亲自动手的实验机会。学生通过独立实验，会产生愉快的情绪。另外，可根据教材内容，自行设计实验，通过直观有趣的实验现象强化学生对知识的感知和理解，使枯燥的知识变得活泼有趣。

例如：在"饱和溶液和不饱和溶液"的教学中，教师可安排学生从家中自带小玻璃水杯、汤匙和适量蔗糖，上课伊始，就让学生自己动手沏一杯糖水，并引导学生注意观察一杯水中能否无限地溶解蔗糖。当学生发现加入过量蔗糖，杯底就会出现沉淀时，教师就指出他们现在所得到的上层清液就是蔗糖的饱和溶液，然后指导学生为饱和溶液下一个定义。大多数学生会认为，饱和溶液就是不能再继续溶解某种溶质的溶液，而往往想不到饱和溶液的定义需要两个条件：一定温度和一定量的溶剂。这时教师可提出问题：如何把所得的蔗糖饱和溶液变得不饱和？根据自己的生活经验和具体操作，学生会发现如果升高温度或增加溶剂，原来的饱和溶液就会变得不饱和，于是就意识到只有在温度和溶剂的量一定时，谈饱和溶液、不饱和溶液才有实际意义。通过沏糖水这样的简单实验，为学生创造了一个真实的、熟悉的情境，学生不仅很容易理解饱和、不饱和溶液两个重要概念，同时也学会了两者之间相互转化的方法，轻松掌握了本节课的重点，同时对化学学习产生了浓厚的兴趣和强烈的热情。

三、爱上学生物

在中学教学过程中，加强直观教学是培养学生学习热情的有效方法。生物学与其他学科相比，有其特殊的地方，就其实质而言，生物学是研究生命现象及其活动规律的一门科学，其研究对象是植物、动物及人体等具体的生物，是活生生的生物。所以采用实物作为直观教具，就更有利于学生准确地理解教材，获得鲜明、生动、深刻的印象。

但必须强调的是，认识具体生物是培养和强化学生学习生物学热情的基本点。我们只有认识具体的生物，特别是我们周围的动物、植物，才会时时引起对它的注意，才谈得上有兴趣研究它和进一步认识它，所以在教学过程中的直观教具一定要用学生所熟悉的生物。

演示和实验是直观教学中的主要手段。如果单凭一只粉笔、一本教科书单调、乏味地硬灌本为活生生的生物知识，则把"生物"教成了"死物"，所以加强演示和实验对于学生学习热情的培养非常重要。

第六节　在政史地中培养学习热情

一、爱上学政治

苏霍姆林斯基曾经深刻地指出："如果你想使知识不变成僵死的、静止的学问，就要把语言变成一种最重要的创造工具。""辞不可不修，说不可不善。"闪耀着智慧光辉的语言具有丰富的表现力，在中学教学过程中，政治课的说服力、感召力、战斗力也来自教师的语言力度、语言技巧、语言风采，对学生学习热情的培养具有重要意义。

如果一个教师富有严谨、简洁、精练、准确、抑扬顿挫的教学语言，就能拨动学生的心弦，促进记忆持久、思维活跃、想象丰富，对培养学生的学习热情，提高政治课的实效都有着积极的作用。所以，在中学政治课教学中，教师要用充满人情味的语言去拨动学生的心弦，把学生带入预定的、饱含正义情感的意境之中，让他们的心灵深处因受到强烈的震撼而产生共鸣，从一个静态进入一个情感涌动的世界，

使之"登山则情满于山，观海则意溢于海"。教师要使用一些很有激情的语言进行表达，使自己的语言像火种，点燃学生的兴趣之火；像石块，溅起学生心灵港湾的兴趣之波，使政治课堂摆脱"匠气"和"死气"，充满"生气"和"灵气"，从而让学生们更加热爱学习。此外，政治教师在课堂教学中，如能巧妙地运用那些内容深刻、耐人寻味、诙谐幽默的趣味性语言，必然使教学过程更轻松、更有乐趣、更有效、更有激情。因为政治学科的特点决定了它所讲授的道理的严肃性，而用幽默的方法说出严肃的道理，比直截了当地提出更易为人接受，每节课都要让学生有笑声，每节课都要让学生受到心灵的震撼，从而提高学习的热情。

二、爱上学历史

1. 故事化、通俗化的讲述。对一些历史教材，教师要善于进行故事化的讲述。所谓故事化，并非为了迎合学生的心理而随意编讲故事，而是通过有细节、有场面的具体描述，用通俗形象的语言诱发学生的想象力和学习兴趣，使抽象模糊的历史事件鲜明起来，使人物形象更为丰满，从而不断培养学生的学习热情。

例如：在讲述皇帝和尧舜禹的传说这一内容时，教师可据史实向学生讲述"三皇五帝"的故事。通过描述中华民族的历史渊源，使学生在浓厚的兴趣中，既学到了知识又加深了对祖国的了解，同时也受到了一次生动的爱国主义教育。

2. 把历史现象同一定的历史背景、环境联系起来。历史现象对学生来说是十分陌生、遥远的。在中学教学过程中，教师在讲授时，可以把历史现象发生的时间、地点、自然、社会环境呈现于学生面前，为学生拓宽想象的时空，这对学生形成完整、正确的历史概念有着极为重要的作用，与此同时，让学生对历史的学习产生浓厚的兴趣，从而爱上历史学习。

3. 要善于为学生选择能揭示历史时代的事件，增强叙述的具体性，帮助学生增进史实的时代感，进而发自内心地喜欢学习历史。

例如：在教授《辽、西夏和北宋的并立》这一课时，学生把我国北宋的英雄杨业与评书《杨家将》中的老令公——杨继业混为一谈，产生了误会。针对这种情况，一方面可据史实介绍杨业的其人其事，分析评书与史实的区别和联系。另一方面，也可选择部分历史文献资料向学生讲解，从而有力地加深了对杨业这一史实人物的认识，同时也调动了学生读史的积极性。

三、爱上学地理

在中学教学过程中，有些地理知识内容只能靠机械记忆，严重削弱了学生的学习热情，如果教师采用灵活、新颖，带有趣味性的教学方法引导学生变死记为巧记，可使学生学得轻松愉快，从而热爱学习。

例如：教学"长江上、中、下游的主要河港"时，可以把港口名称串联起来，即：宾（宜宾）客重（重庆）来，武昌会晤（武汉），敬酒（京九）五壶（芜湖），难难老张（南京、南通、张家港）。学生在愉快的笑声中很快记住了河港名称。又如：识记我国储量居世界首位的锌、锑、钨、稀土、钛、钒等矿产时，可用"新梯污，洗土太烦"加以记忆，不仅省时，且可长期保持在脑海中。

与此同时，地理教学较其他学科的最大优势在于它有着丰富多彩的直观内容，这对学生地理概念的形成和持久学习热情的培养起着非常重要的作用，因此应充分发挥这一优势，在教学中采取各种直观教学方式。

例如：教学"中国的行政区划"时，出示中国政区彩色版图、空白政区图、自制的各省级行政区小卡片等教具，利用这些直观教具，让学生识记各省、市、自治区的名称、简称、行政中心及形状特征。分析各区域之间的联系，位置关系，海陆关系等规律。学会绘图、拼图的能力，使学生对中国政区图产生深刻难忘的印象。

第七章　学习习惯——热情催化剂

业精于勤，荒于嬉；行成于思，毁于随。

——韩愈

学习习惯是指学生在长期的学习实践中逐渐形成的不需要意志努力和监督的自动化行为倾向。良好的学习习惯一旦巩固并升华，就成为一种良好的学习品质，有利于激发学生学习的积极性和主动性，有利于形成学习策略，提高学习效率，从而作为学习热情的催化剂，不断激励学生努力、勤奋学习。

第一节　热爱学习的好习惯

联合国教科文组织在关于生存的主题报告中曾发出这样的警告："未来的文盲，不是不识字的人，而是不会学习的人。"会学习，既是高效率学习的方法，也是习惯，更是培养学生学习热情的良好催化剂。学习习惯是指学生在长期的学习实践中逐渐形成的不需要意志努力和监督的自动化行为倾向。良好的学习习惯不仅对学习本身有益，而且对中学生道德品质以及心理的和谐发展都会产生一定的影响。

一、好习惯造就好人格

教育的核心是培养健康人格，而培养健康人格的最佳选择应当从习惯培养开始。从教育来说，幼儿园、小学和中学是一个人养成习惯的关键时期。要成就学业、事业，要拥有美好人生必须养成好的习惯。要做事先做人，而做人应先培养习惯。而良好学习习惯的养成更是重中之重，它不仅可以提升学生的学习能力，还可以帮助学生获得期望的成绩，甚至可以改变一个学生的人生轨迹，让他们的人生更成功。

常言道，三岁定八十。大教育家孔子云："少年居性，习惯之为常。"而培根在《论人生》中更明确指出："习惯真是一种顽强而巨大的力量，它可以主宰人生。因此人自幼年就应通过教育去建立一种良好的习惯。"中学时期是人生的重要阶段，此时形成的习惯能够影响其一辈子，因此，对中学生进行良好习惯的养成教育非常重要，而且也是素质教育的基础，与此同时，学生拥有良好的习惯，对于学习兴趣和热情的培养具有重要的意义。

此外，一心向学的人善于发现生活中的美好，他们能够合理利用时间，能够"见缝插针"，巧妙地利用时间从而为己所用。当一堂课结束后休息时，有些人会习惯在休息放松之前尝试回忆刚刚课堂上老师讲的重要内容，还有人会利用等人候车的时间尝试记忆英语单词，日积月累，长此以往，点点滴滴微不足道的时间转化成知识，知识转化成智慧，从而造就了良好的人格品质。

二、好习惯让学习加分

良好的学习习惯，有利于激发学生学习的热情；有利于形成学习策略、提高学习效率；有利于培养自主学习能力；有利于培养学生的创新精神和创造能力，使学生终身受益。

在中学教学过程中，教师要引导学生养成好习惯。中学阶段正是一个人形成良好学习习惯的关键时期，是一个人成长的奠基时期。因此，根据青少年可塑性与模仿性较强的特点，教师应采取适当的方法和措施，有意识地对学生进行良好学习习惯的训练和培养，从而习惯好促进学习好，达到事半功倍的好效果。教师要有"不为鱼而为钓"

的教学理念，"临渊羡鱼，不如退而结网"，在中学教学中培养学生良好的学习习惯。

例如：课前要做好预习，课后要勤于复习，课堂上积极思考，回答问题。在学习中，遇到不懂的问题，知道向工具书请教，知道向图书馆请教，知道向他人请教；此外，在学习中，知道怎么样圈点批画，怎样做笔记，怎样做卡片；知道写心得、写体会。这些好的学习方法经常运用，就是习惯；成了习惯，就能够在今后的学习中运用得更加得心应手，从而大大地提高学习的效率，养成勤学勤练、活学活用的好习惯，为未来的知识储备打下良好的基础。

三、好习惯成就好成绩

伟大的科学家爱迪生曾说过："知识仅次于美德，它可以使人真正地、实实在在地胜过他人。"然而，只有学会学习，养成学习的好习惯，才能在信息技术高度发展的今天，掌握所学的知识，在工作和学习中取得优异的成绩。

良好的学习习惯不但能使受教育者在学习上取得较好的成绩，而且能使其养成热爱学习的好习惯，从而终身受益。这是因为习惯的功能具有省力性和不自觉性，良好的习惯一旦形成就会趋向定型化、稳固化，不需别人的帮助、提醒，不需再花费什么意志努力，学习过程中良好习惯都会不自觉地表现，从而能使教师减轻教学负担，使学生提高学习效果，使学生在学习中长期受益于良好的习惯。具有热爱学习的良好习惯的人能够一心向学，善于积累知识，能够在日常生活中下意识地把注意力调到与学习相关的东西上去，直接或间接地达到学习的效果。此外还能充分调动潜意识的作用，在中学教学过程中，一个学生的学习习惯往往具有潜意识的作用，这种潜意识的作用是不容忽视的。

　　同时，良好的学习习惯能够为学习打下坚实的基础，中学教师在培养学生的科学素养和创新精神的过程中为学生下一阶段的学习起到了重要的作用。现今中学生学习知识又多又深，需要付出艰辛和痛苦的体验，如果没有正确学习方法的培养，学生的学习热情只会减退，甚至完不成学业。良好的学习方法，可以提高学习效率和学习质量，使学习事半功倍，提高学习认识能力和创造能力，激发学习的热情。

第二节　中学生的学习习惯

　　在中学生的日常生活和学习过程中，好习惯的养成对于促进学生全面的发展有着至关重要的作用。与此同时，良好的学习习惯，可以促使学生更加合理、高效地开展学习，激发学习探究的浓厚兴趣，从而爱上学习，并在学业上取得优异的成绩。

一、良好学习习惯的三个特征

良好学习习惯的养成，有利于建立稳固的生理和心理的"动力定型"。能够长期而有规律地安排学习的人，便可以养成良好的学习习惯。良好的学习习惯，至少有三个方面的特征：

1. 从人体生理角度讲，通过生物钟、条件反射，自动提醒你去做该做的事。比如，每天早晨及时起床去上课，上课铃声一响自觉回到教室，放学回家自动完成作业。这些事情对于一个有良好学习习惯的人来说，几乎都是靠生物钟、靠条件反射来自动控制的。没有养成这些习惯的人来做这些事情，就不能从容应付，显得手忙脚乱甚至丢三落四，达不到理想状态。

2. 从心理角度讲，良好的学习习惯可以发挥下意识的作用。下意识的特点是直接受习惯的支配。英国前首相撒切尔夫人在谈及习惯时说："生活的秘诀实际上在于把90％的生活变成习惯，这样你就可以习惯成自然了。毕竟你想都不用想就去刷牙，这是习惯。"撒切尔夫人所说的"想都不用想"，实际上就是受习惯支配着的下意识在发挥作用。这在我们普通人的生活中也是多有体现的。同样道理，一个具有良好学习习惯的人，他的下意识会随时随地支配他按照平时习惯了的套路做那些与学习相关的事，使之在不知不觉中，事情做得轻轻松松，有条有理。

3. 良好的学习习惯的养成，还可以调动潜意识为学习服务。潜意识的特点是直接受人的情感和需要支配，受情景因素的影响。很多学生都有这样的体验：自己非常清楚地知道贪玩不利于学习，可是往往还是克制不住自己。这实际上是潜意识在支配他，在他的潜意识里有一种强烈的贪玩的欲望，即便他拼命压制自己玩耍的欲望，也很难真正静下心来学习。

相反，一个养成了良好学习习惯的人，他对学习有一种亲和心理，学习变成了一种需要，学习成了一种乐趣，不学习便难受。一些科学家、文学家、艺术家之所以能在休息甚至睡眠的时候产生灵感，并不是一种巧合或一种运气，而是因为他的潜意识与外界刺激，与他不懈寻觅、孜孜以求、长期探索的问题之间保持着必然联系。如俄国化学家门捷列夫在梦中看见他日思夜想的元素周期表，就是因为他具有这方面的潜意识。这说明潜意识的作用非常大。

对于绝大多数的中学生来说，学习成绩的好坏，20％与智力因素相关，80％与非智力因素相关。而在信心、意志、习惯、兴趣、性格等主要的非智力因素中，习惯又占有重要位置。古今中外在学术上有所建树的人，无不具有良好的学习习惯。

二、学习习惯对中学生的影响

首先，良好的学习习惯是提高学习效率的重要条件。培养学生形成良好的学习习惯，是保证学习高效率的具体操作方式。学习缺乏效率，学习活动就不能有效地形成结构化的智力活动和知识结构，就不可能有高质量的学习。

其次，良好的学习习惯有利于学习策略的形成，激发学生学习的积极性和主动性。著名教育家珀金斯认为，培养运用策略性知识的能力是学校教育的重点之一。策略性知识的能力包括学习技能和运用各种学习方法的能力。而学习习惯是学生运用策略性知识的重要基础。

从学习能力的角度说，养成学习习惯是根本性的学习策略。

最后，从学生心理发展过程来看，能否养成良好的学习习惯，会对学生的全面发展产生深远的影响。在学习的早期阶段，如果学习习惯在一定途径下得到顺利发展，并形成个体的一种需要，将会在以后的学习活动中发挥深刻的影响，并成为导致学生在社会结构中位置分化的重要条件。因此，从小培养学生形成良好的学习习惯，激发学生的学习热情，具有极其重要的意义。

三、良好学习习惯的培养步骤

良好的学习习惯不是天生就有的，也不是一蹴而就的，它需要在长期的学习过程中逐步养成。在我们了解了养成良好习惯对学习的重要性之后，我们再来看看怎样才能养成良好的学习习惯。养成良好的学习习惯需要哪些步骤呢？

1. 要循序渐进，忌心浮气躁

良好的学习习惯不是一朝一夕养成的，也不会在短时间内一下子形成。在区分主次、难易之后，从实际出发逐步提出具体的切实可行的学习要求，有计划地逐步扩展，然后按部就班地落实贯彻自己的计划，久而久之，便习惯成自然。俗话说："有志者，立长志；无志者，常立志。"在这里，常立志的人就是那种很想好好做，但是做不好，朝三暮四的人。因此，要养成良好的学习习惯，第一步就要说到做到，坚定不移。就像背英语单词，计划每天要记20个单词，就要一天不落地去记，不给自己任何放松的理由。长此以往，每天20个单词就不再是一项强制性的任务，而变成了每日必做的功课。

另外，要学会在简单重复中培养良好的学习习惯。学习习惯是在重复中慢慢形成的。从心理学角度说，这是一种条件反射的形成。

思维记忆

2. 要学会自我控制

培养学习习惯的初期，在自制力还不够的情况下，应该控制自己的活动时间和空间，以达到约束自己行为的目的。因为人的行为本身，很大程度上受情景因素的影响。比如，一个学生自己已经认识到滥看课外小说的危害，不想再将学习时间浪费在看小说上。但是，很多学生下课或者放学时一经过出租小说的书屋就把握不住自己，鬼使神差地进去了。因此，在时间上，从早上起床一直到晚上就寝，都要安排好有意义的学习内容和活动内容，按时学习、适时休息。在空间上，严格控制自己的活动范围，歌厅、舞厅、游戏厅、录像厅、台球室等游乐场所，无论自己多么好奇，无论别人怎么引诱，也不要去。

如果发现自己实在很难抵制某些活动的诱惑，可以请父母或者老师、同学帮忙，让他们约束自己的活动时间以及方式，在必要时，还可以要求他们对自己采取一些稍带强制性的措施。这在培养习惯的初期尤为重要。

3. 一旦出现偏差，就要及时进行调整

中学生多数自制力比较差，在好习惯的形成过程中，或者在克服坏习惯的过程中，容易出现反复、拖拉、敷衍、放任等现象。这就要求严格监督自己，对自己易犯的错误时时警惕，及时发现偏差，及时作出调整。培养习惯就像走路一样，绝不能跟着感觉走。发现走的路线不对，要立即纠正，调整到正确的轨道上去，久而久之，一条小路便踩出来了。

4. 利用习惯的"泛化"现象，建立整体性的学习习惯

心理学研究表明：当一种刺激产生并形成习惯之后，它可以产生连锁反应，即对另一个与此刺激性质类似的刺激也可以习惯化。我们且看下面几种现象：如学生在语文学习中养成了整理词语的习惯之后，在学习英语时也会自动地整理相关词组；工整有条理的做题风格，不仅在理科作业中可以体现，同样可以反映在文科作业中；"文理相通"，不仅体现在思维形式上的相通、基础知识与基本技能的相通，也体现在学习方法与学习习惯上的相通。

在习惯初步形成，逐渐进入顺其自然状态以后，就没有必要强制自己了。这时还需要注意两件事：一是要消除外部干扰，二是要排除内部故障。外部干扰主要是那些可能使中学生偏离甚至脱离轨道的引力，内部故障主要是受挫折时情绪不佳而放纵自己。对付外部干扰有一种有效的办法，就是改变环境，转移注意力。当生活圈内有人向自己施加不良影响时，可以寻找理由暂时跳出这个圈子，消除不良影响，努力去做自己应该做的事情。排除内部故障的有效途径也是转移注意力。当内部发生故障时，如产生忧郁、悔恨、愤懑、迷恋、惋惜、忧伤等情绪波动时，可以通过做具体的事情来转移注意力。

良好的学习习惯让人享用终生，不良的学习习惯容易引人误入歧途。习惯是一种惯性的作用，也是一种能量的储蓄，拥有良好学习习惯的人，要比那种没形成良好学习习惯的人以及已有不良学习习惯的人，具有更大的潜在能量。

第三节　学习习惯的培养

一、认真听课的好习惯

认真听课也就是向课堂要效率。争取当堂听、当堂记、当堂理解。

课上把老师讲的内容消化透，课下才能更充分地进行复习。听讲的同时要认真记笔记。笔记应有选择地记，简明扼要。

课堂是学生学习的主阵地，是学生获取知识的主要载体，注意让学生养成认真听课的习惯，铃声一响，就要端正地坐在位子上等待老师上课，坐端正了才会精神振作，注意力集中，眼睛要正视黑板或老师，朗读时要双手捧书，思维始终要与老师的上课思路保持一致，积极思考，踊跃举手发言，敢于说出自己的见解，不要畏惧错误，误以为回答错了会被人嘲笑，这会导致学习消极被动，回答问题要用普通话，声音响亮，用规范语言完整答题。"好记性不如烂笔头"，课上勤记笔记，要善于捕捉课堂的重点、难点，并作好分析笔记或做上记号，便于课后整理。

二、课前预习的好习惯

学习本身是由预习、上课、整理复习、作业四个环节组成的。预习是头一个环节，缺了这个环节，就会影响下面几个环节的正常连接，难以运转了。课前预习是听课前的准备工作，准备工作做得充分了，带着问题听课。上课时才会处于一种主动、自觉、紧张的状态。

与此同时，课前预习的好习惯有助于学生养成独立自学的能力。预习是发展学生智力、培养学生能力的有效途径，学生将从前学到的知识独立运用于新的课堂内容当中，自己发现问题、解决问题，有助于他们思维和阅读能力的提高，以及独立自主学习习惯的养成。通过预习使学生明确本课的教学目的、难点、重点，做到心中有数，上课时能够集中注意力，提高学习效率。此外，学生可以凭借自己的力量，掌握部分学习内容，获得成就感，通过预习，可以发现独立解决不了的问题，引起探索的兴趣，为进一步积极主动地深入学习造成一种期待情境。

三、课外阅读的好习惯

读书启发心灵，就像运动有益健康。阅读可以净化心灵，陶冶情操。与此同时，要想学好每一门知识内容，光靠课内是不够的，还必须阅读一些课外读物，开阔眼界，增长见识。因此，在中学教学活动中，要有计划地介绍一些课外读物，指导学生阅读，要教给学生读书方法和使用工具书的方法，指导学生写读书笔记，要教会学生如何从众多的课外读物中选择适合自己情况的书来学习，养成课外阅读的习惯。

四、勤思好问的好习惯

学贵有疑，学习上没有问题便是最大的问题。中学生抽象概括能力的发展尚在起步阶段，掌握概念的过程一般以认识具体实物为起点，先形成表象，然后抽象概括得到概念。针对学生这一思维的特点，在教学过程中，不仅要引导学生多观察、多思考，遇事问个为什么，更要把得到的结论记录下来动手演练，进行验证，在实践中体验获取知识的规律和乐趣，这样长此以往，"勤思勤动"的习惯就会在"乐"中逐步形成。

培养中学生认真思考的学习习惯，有利于提高学习质量，有利于培养人的能力，尤其是有利于增强人的发现、发明和创造能力。认真思考的学习习惯，是学生比较高级的修养。

五、严格执行学习计划的习惯

严格执行学习计划、定时定量的学习习惯，是实现目标、克敌制胜的法宝。谁能根据奋斗目标制订出科学的计划，并且定时定量地完成计划，谁就能无往而不胜。一般说来，中学生的学习目标比较容易确定，计划也比较容易制订，难的是定时定量地完成学习计划。这就是通常所说的"知易行难"。

定时学习是中学生完成学习计划的前提。定时学习，包含两层意思：一是中学生每天必须保证必要的学习时间，二是到了该学习的时候马上学习；定量学习是中学生完成学习计划的保证。学习计划是通向学习目标的道路，定量地完成学习计划，就等于在这条道路上不断前进，在计划的指导下，当知识的量达到一定程度时，便到达了目标。

第八章　学习方法——成功助推器

> 读书之法，在循序而渐进，熟读而精思。
>
> ——朱熹

伟大的物理学家爱因斯坦认为："学习方法事实上决定了你的成绩，方法就是你征服未知的工具。"学习方法是通过学习实践，总结出的快速掌握知识的方法。因其以学习掌握知识的效率有关，在中学教学过程中一直受到老师和学生的重视，好的方法不仅能够提高学习效率激发学习热情，更能够助推我们不断进步并取得成功。

第一节　治学有法

世界伟大的科学家爱因斯坦认为："成功＝刻苦努力＋方法正确＋少说废话"，在中学教学过程中，不难发现正确的方法是学业成功的三要素之一，如果只有刻苦努力的学习精神和脚踏实地的作风，而没有正确的学习方法，是不能取得成功的，反而会打消学习的积极性和热情。法国的物理学家朗之万在总结读书的经验与教训时深有体会地说："方法的得当与否往往会主宰整个读书过程，它能将你托到成功的彼岸，也能将你拉入失败的深谷。"

一、中学学习的新特点

走进中学，一切都是新的：新的学校、新的老师，新的同学……但我们最需要了解的还是这新的学习。初中学习，虽然是小学学习生活的延续和提高，但在很多方面却已与小学学习有了很大的差别。首先，初中的课程与小学的课程相比，科目增多，难度加大。这是初中课程与小学课程的主要差别，也是学习的规律——由易到难、由简单到复杂的规律。

其实，科目增多与难度加大，也是遵循了我们积累知识的客观规律。试想一下，如果上了初中，我们的学习内容还是小学生的课程，我们学习的意义又在哪里呢？我们的智慧又如何开发出来呢？我们人生的梦想和目标又如何去实现呢？

进入初中，教师和家长要指导学生必须有一个思想上的准备：或许你在小学的时候曾经取得过优异的成绩，甚至在班级里一直名列前茅，你一直是父母和老师的骄傲，但进入初中之后，你将处在一个

"藏龙卧虎""高手如云"的班级里，你的同学也是来自各个小学校的"高手"，他们也跟你一样优秀，曾经是过去的"第一"，曾经是自己的父母和老师引以为豪的"神童"。

当众多的"高手"聚在一起的时候，当众多的"第一"排在一块的时候，竞争就出现了，而且还会非常的激烈。但是，到底谁才是真正的第一呢？这就需要"八仙过海，各显神通"了，如果现在就下结论还为时尚早。因为，现在的"局势"还没有真正地稳定下来，所选出来的班干部也只不过是"临时大总统"，谁也不知道他什么时候就会"下台"或"让贤"。

所以，不管你现在是处于"大总统"的位置也好，还是属于"平民百姓"也罢，都不要太过高兴或沮丧，静下心来认清"局势"，并好好地修炼自己的"内功"才是最重要的。因为这是一场要跑三年的"马拉松"，现在没有人会知道谁才是最后的胜利者。

与此同时，只有掌握了良好的学习方法才能够立于不败之地，才能够在学习困难面前不退缩、不畏惧，从而保持强烈的学习热情，不断取得成功。

二、好方法的重要性

在中学教学过程中，能否掌握正确的学习方法，对于中学生学习的兴趣和热情保持来说显得尤为重要。

首先，这是年龄阶段的需要。在中学阶段，学生的注意力、记忆力和思维能力都发展到了一个新的阶段，是长身体、长知识的重要时期。谁在这个阶段掌握了科学的学习方法，谁的智力就会得到充分的开发，谁的学习就会积极主动，谁就奠定了学习的基础。

其次，这是中学生学习特点的需要。我们知道，升入初中后，功课越来越多，学习难度越来越大。原来在小学主要是学习语文和数学两门功课，上了初中，要增加英语、政治、生物等科目，往后还要开设物理、化学等学科，数学还有代数和几何之分，学习难度越来越大。上高中后，各科学习的难度更大，如果不掌握科学的学习方法，就难以把学习搞好。

然而，什么是科学的学习方法呢？科学的学习方法具有广泛的适

应性，还具有科学性和工具性等特点。它适合于每个人，符合于用脑卫生，而且对每个学科都有用。科学的学习方法包括智力因素的培养和非智力因素的培养，包括学习的通法和各科的学习方法等内容。英国科学家达尔文说："世界上最有价值的知识是关于方法的知识。"所以，大家一旦掌握了科学的学习方法，就会如虎添翼，学习效率就会大大提高，同时，更加重要的是激发了学生的学习热情。

学生一旦进入了学习状态，又有了正确的学习方法，就会像饥饿的人扑在面包上，就会达到一种忘我的境界，从而进入一种良性循环中，发自内心地爱学习。而当他体验到求知过程中的激情，把学习当成一种享受的时候，是能够创造奇迹的。

三、好方法是选出来的

世界上没有两片相同的叶子，学习方法也因人而异，在中学生的学习活动中，能够选择一个适合自己的好方法，对于学习兴趣的激发、学习热情的培养具有重要意义。

1. 根据不同学科来选择学习方法

各门学科都有其独特的规律，都有其基本的学科结构，因此在学习时要掌握各门学科的基本知识结构，各个结构又有些什么内容，怎样把它们联系起来。总之，方法的选择要因学科而异。

2. 根据老师的讲课特点来选择学习方法

在中学课堂教学中，老师的授课方式、课堂设计都带有个人特色。有些老师滔滔不绝，满堂讲解；有些老师善于启发引导，注重实际训练；有的老师声高语快，有的老师调低语慢。学生不能顺其自然，只图听个热闹，而是要跟上老师的思维，动脑筋听，既要理解知识，又要注意领会老师讲课的思想方法和处理问题的能力，还应根据课堂实际，发挥主观能动性。该听时集中注意力，该记时则要及时记录，该画重点时要随手画上，该思考时要开动脑筋，该讨论时就要积极发言。

3. 根据个性特点来选择学习方法

在中学教学过程中，教师会发现每个学生都有自己独特的个性，个性不同，则学习方法亦应不同。对性格外向的学生来说，特点是活泼好动，注意力转换快，思维敏捷，反应问题迅速，但坚持性差，因此就不必强迫自己整天埋头复习，应用"交替学习法"，不断变换大脑优势兴奋中心，该玩时就玩得痛快淋漓，该学时就"两耳不闻窗外事"，必要时就用意志来约束自己。而内向型的学生则沉着稳重，感知事物细腻，思考问题有深度、学习认真能持久，但思路不宽，领会知识速度慢。这就应在发挥自己优势的同时，培养自己的发散性思维，开阔视野，拓宽思路，抽出时间多与同学交流讨论。在获取知识的同时也积极地培养自己的语言表达能力和沟通能力。

4. 根据记忆特点来选择学习方法

记忆方法是多种多样的，或是机械记忆法，或是形象记忆法，或是理解记忆法，但不管哪种方法，不管采用什么记忆形式，只要能记得牢，效果好，就要加以利用，但是，如果记忆效果不佳，就应忍痛

割爱，另择良法。

第二节　好方法让学习变快乐

一、控制好学习时间

有人认为，进入中学后，学习的时间是越长越好。也就是说成绩的好坏与学生每天学习的时间成正比。其实，学习的时间太长并不是一件好事，它不但起不到提高学习成绩的作用，还会阻碍各种特长的发展，对健康也是不利的。

人脑不是一个可以长时间工作的机器。如果总是不让大脑休息，一味地工作，大脑处理信息的能力也会随之下降。在这种情况下，理解新知识会变得很困难，研究一个问题也不容易，大脑好像变得"麻木"了——也许你也有过这样的体会。在这种状态下的学习自然是不会好的。如果长时间这样下去，还会对自己的心理上和精神上造成负面的影响。

也许有人会说："我每天学习的时间很长，我的成绩也确实比别人好得多呀。"但是，要知道，这种好的成绩往往都是"背"出来的。由于听课听得较多，练习做得较多，对自己曾经见到过的问题可能不用考虑就能解决。但是，用这种方法学习的人却往往忽略了自己解决问题的能力。遇到一个没有见过的问题就觉得无从下手，变成了名副其实的"书呆子"。而现在的社会需要有能力的人，考试也注重考查能力，因此这种机械式的学习方法是不宜提倡的，找到正确的并且适合自己的学习方法将会让你的学习变得更加轻松、快乐。

既然如此，我们就应该想办法提高学习效率，把另外一部分时间用来发展自己的特长和兴趣爱好。

在学习中，如果遇到一些自己不太理解的东西，不要着急，因为知识总有一个凝结的过程。也不要因为迫于压力而疯狂地学习到很晚，因为这样往往会起反面的作用，让你误以为自己的脑子出现了问题而感到烦躁不安。有效的方法是找个比较安静的地方想一想不明白的东西，或者干脆先放下，先记在笔记本上，过几天再去考虑。也可以查一查资料来帮助自己理解不懂的知识。让自己休息好，扩大自己的知识面，等到理解后再做练习题，自然就会觉得非常的轻松。

我们不需要通过长时间的学习让自己变成一个只会按程序办事而没有创造力的"机器"。而应该通过高效率的学习让自己成为一个富有想象力的人。

二、寻找自己喜欢的方法去学习

学习方法并不是唯一的。就像人们的长相各不相同一样，学习方法也是多种多样的。据说，有人喜欢在卫生间看书，其实，这就是他的学习方法。当然，我们没有理由要求大家向他学习。因为适合每个人的学习方法是不同的。

如果有人喜欢一边嚼口香糖一边学习，那他当然也可以这样做，因为对他来说嚼口香糖能够激活大脑，能够让他集中精力学习。

但是，在课堂上嚼口香糖是不应该的。因为，老师在上面讲课是非常辛苦的，他们应该而且必须得到我们的尊重，而在课堂上嚼口香糖本身就是不尊重老师的表现。在课堂上注意坐姿、不嚼口香糖、不搞小动作，这是作为学生应该做到的，这也是我们做人必须要遵循的原则，学会尊重老师、尊重父母、尊重每一个人。

不过，也不要在上课时一味地想着纠正自己的姿势，把老师讲课的内容忽略了。据研究，有规律地活动身体，也对学习有所帮助。美国的教育学家发现有规律或者随音乐摆动身体，对提高记忆力和理解力都有很大的帮助。

所以，我们学习时，也不一定要刻板地坐在书桌前，可以采取自己认为最舒服的姿势。因为，最舒服的姿势可以创造更好的学习效果。

另外，如果反复翻阅习题集，分数还是没有提高，那就先把习题集放在一边。如果背课本背不进去，那也不要浪费时间，换别的学习方法试试。

比如说有一位同学学习历史，每遇到有意思的内容，他就会当做故事讲给自己的朋友听。朋友很好奇，想知道更多的故事，他就会继续认真阅读历史书，第二天再讲给他听。每次朋友提出问题，他就回到书中寻找答案，就这样，他的历史知识就会越来越丰富。

另外，还有的同学，在学习比较复杂的内容时，就以变化图像的方法来学习，也取得了非常明显的效果。

学习的方法是不受任何形式限制的，最重要的还是用自己喜欢的方式去学习。

三、在兴趣中快乐学习

有这样一则故事：

据说，有一位大科学家整天废寝忘食地搞科学实验，有人就写文章赞扬他，说他为了科学事业从事着艰苦的劳动。这位科学家知道后，大为不满，说："搞科学实验，乐趣无穷，我从来没有感到过有什么苦。"

正如我国古代教育家孔子所说："知之者不如好之者，好之者不如乐之者。"孔子本人就因对音乐产生浓厚兴趣，曾"三月不知肉味"。

兴趣说通俗一点，就是指人们对某种事物的偏爱的感情，也就是孔子说的"好"和"乐"。同学们都希望在学习时取得优良的成绩。当然，取得优良成绩的条件是多方面的，而培养自己对学习的浓厚兴趣则是重要的一环。对学习有浓厚兴趣，就能产生良好的学习动机和勤奋学习的巨大力量，即使学习很艰苦，也能"乐在其中"，以苦为乐。

据心理学家调查，在学习成败的各种因素中，有无兴趣占因素的 30% 左右。学习的兴趣从何而来呢？有的同学会说，来自老师生动的讲课和课本中生动的内容。不错，如果老师把课讲得生动些，课本的内容编得生动些，学生容易对学习产生兴趣，这是事实。心理学把人们对某种活动的过程及事物本身所产生的兴趣叫做"直接兴趣"。但是，直接兴趣终归是有限的。就以学习来说，老师的教学活动及教材内容，都具有严密的科学性及系统性，因此，老师讲课不可能把每章每节都讲得生动，课本内容也不可能都编得生动。如果我们仅仅依赖于教师讲课及教材内容的生动来提高对

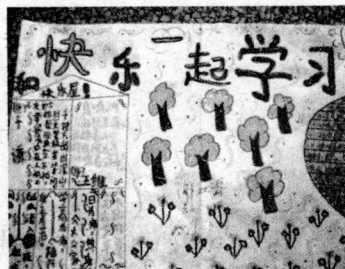

学习的兴趣，这种兴趣是不能保持长久的。

要保持和提高对学习的兴趣，最根本的是要对学习产生"间接兴趣"，所谓"间接兴趣"，是指对某种活动的结果的兴趣。对学习的间接兴趣，就是对学习的结果有正确的认识。比如，有的同学之所以在学习中能以苦为乐，就因为他们认识到今天搞好学习，是为了明天在工作中发挥更大的作用。他们把今天攻克一个学习难关，看成是向明天的理想之路迈进的一步。这样，他们能从学习的结果中获得满足、欣慰和幸福感。

第三节　适合中学生的学习方法

小学生有适合小学生的学习方法，中学生也有适合中学生的学习方法，两者之间既有共性也有个性。如果说在小学只要好好听老师的话就能将学习成绩提高，那么到了初中就要在听老师的话的基础上，再摸索出适合自己的学习方法，才能够在不断地探索学习过程中时刻保持着强烈的学习热情和浓厚的学习兴趣。

一、遵守学习规律

在"庖丁解牛"的成语故事中，聪明的厨子由于掌握了杀牛的规律，所以牛"解"得又快又好。同样，学习中也是有规律可循的，掌握了这个规律也会又快又好。

1. 第一遍学习要认真对待

第一遍学习就是知识给我们留下的第一印象，而第一印象的作用带给我们的影响之大是很多同学没有想过的。很多人形容第一印象就是"水泥凝固前的三秒钟"，可见它在我们头脑中所起的关键性作用。

所以，我们一定要重视第一遍学习的重要性，千万不要寄希望于错了再改。因为，这不是"错了再改"这么一个简单的概念，而是一个自己并没有意识到的错误。你自己都没有意识到这是错误，又怎么去改？一些年长的人把学习的"学"字读成"xiáo"，终生难以纠正，并不是他们不愿改，而是他们并不知道自己的错。即使到最后他们知道自己错了，但习惯已经形成，再想改过来也很难了。

2. 阶段性复习从"无知"开始

无论大家怎样注意，都难免在第一遍学习时发生错误。阶段性复习时，切不可对这些错误视而不见，而应该像第一遍学习那样审视一切知识。

阶段性复习，不是对原有知识的简单重复，而是在纠正错误，是在加深认识基础上的提高。

阶段性复习时的最好办法就是当自己什么都不懂，像第二遍学习那样对旧知识进行再认识，从而达到提高的目的。

阶段性复习的好坏是可以自我感知的。如果你充满了陈旧感，证明你在作原有水平上徘徊；如果你体验到了新鲜感，发现了自己过去的错误认知，纠正了错误，加深了理解，拓宽了思路，就证明你的复习是成功的。

3. 先易后难逐步启动

体育课上，在正式训练之前，老师会让我们先做几分钟的准备动作。准备动作虽然不是核心内容，却是必要内容。没有必要的准备动作，就不能适应高强度的训练。我们的大脑也和身体其他部位一样，在运作之前也需要做一些适度的准备动作。

准备动作易，高强度训练难。先易后难为的是启动。启动的过程是由易到难的过程。大脑的活动也是这样。每天从易处开始，通过成功后的兴奋，给大脑以激励，会使它启动起来；反之，从难处开始，大脑则容易进入压抑的状态，对学习是没有任何益处的。

掌握了先易后难的启动规律，就应学会编制每天的计划，即每天从易处入手，每天早晨记单词，读课文，回忆昨天的课程，然后再去攻克困难的"堡垒"。

一定要记住，先易后难是我们在求学的道路上必须遵循的永恒规律，理解这一点，会对同学们今后的学习带来莫大的帮助。

二、提高学习效率

在中学生的学习活动中，什么时候学生的学习效率比较高呢？通常，赶作业的时候学习效率高；考试之前的学习效率高；为应付课堂老师的提问，在课间十分钟，突击时效率高。因为这时的学习任务具体，时间有限，完成任务与否的后果非常的"严重"。从而学生们的注意力十分集中，学习效率自然就高。

可是，对于那些软任务，也就是完成与否老师并不追究的学习任务，如预习、复习等，很多人就没有那个积极性了。这是被动学习的一种体现，由于这样的学习缺乏紧迫感，因此学习效率也不可能高。

还有不少中学生学习效率低的原因是学习后从不"停下来，回头看一看"，通常情况下是"只管拉车不问路"，以至于迷失了方向。如果每一天的学习结束后，拿出十几分钟的时间问问自己：今天学习了多少内容？掌握得如何？花了多少时间？这样想一想，查一查，经常对自我进行反思，扪心自问，就可以及时发现学习当中存在的一些问题，然后及时地改进自己的学习方法。每天进步一点点，滴水穿石，不断渗透，你就会发现，学习是可以简单的，考试想取得好成绩也并非那么的困难。

另外，每天做作业时，记下完成作业所用的时间，第二天上学见到其他同学时，就可以和同学交流一下，问问别人做作业用了多长时间。如果发现自己用于做作业的时间多了，就要分析一下，是自己的知识没有掌握好，还是解题方法太笨，或计算能力太差……经常这样找差距，学习效率也就自然而然地逐渐提高了。

总之，在中学教学活动中，教师要引导学生不断地思考，不断地反思，不断地肯定自己，又不断地在自省中否定自己，并不断主动自觉地与父母、老师和同学进行沟通与交流，学生的学习效果自然会有显著的提高，从而进一步激发学生的学习热情。

三、四个"必须"提升学习助力

在中学生的学习过程中，学习方法必须因人而异、因学科而异。正如医生用药，不能千人一方。教师必须指导学生从自己的实际出发，根据自己的特点，发挥特长，摸索适合自己特点的有效方法，从而激发学生的学习热情，帮助学生一步步取得成功。

1. 学习必须注重基础训练。要一步一个脚印，由易到难，扎扎实实地打好基础，切忌好高骛远，前面的内容没有学懂，就急着去学习后面的知识；基本的习题没有做好，就一味地去钻偏题、难题。这种做法的结果只能是欲速则不达，自己很快就会陷入无源之水、无本之木的境地。

2. 学习必须勤于思考。初中是一个重要的学习阶段，在此期间要注意培养独立思考的能力。要尽量避免那种死记硬背、不求甚解的倾向。学习中要多问几个为什么，一个问题可以从几个不同的方面去思考，做到举一反三，融会贯通。

3. 学习必须一丝不苟。切忌似懂非懂。例如，习题做错了，这是常有的事，重要的是能自己发现错误并改正它。在初中学习阶段应该努力培养这种本领。对解题中的每一步推导都能说出正确的理由，每一步都要有根据，不能想当然，马马虎虎。

4. 学习必须善于总结。学完一章，要做个小结；学完一本书，要做个总结。为什么要总结？因为不总结，不可能真正地知道自己都学会了些什么，也不可能知道自己的学习方法正确与否，更不可能知道自己失败的真正原因或成功的原因是什么。如果不知道做总结，这次失败了，下次还会失败；如果不及时地做总结，这次成功了，下次却不能保证自己同样获得成功。

第四节　科目学习不偏心

一、应对偏科

偏科是指某几门科目掌握得很好，甚至在全班或全校都是名列前茅，但某几门科目却处于中下水平或更低。偏科首先是一个心态问题，有些同学由于对某几门科目不感兴趣，所用的时间不多，而在那几门感兴趣的科目上肯于下工夫，结果就出现了成绩不平均的现象。还有的同学由于某个科目总是学不好，久而久之就对这个科目产生了一种恐惧和排斥的心理，成绩也就越来越走下坡路。对于这样的同学来说，只有先解决了心理方面的问题，才能着手解决偏科问题。

那么，在克服了偏科的认识问题之后，在学习方法上又应该怎么去做呢？

1. 时间上从短到长。凡是自己不擅长的学科，大都是不感兴趣的。因此，如果一开始你便在差的科目上投入大量的时间和精力，必然会倍增烦躁与厌倦。正确的方法是按照学习目的先制订出一份时间表来。比如你今天只复习某一科的某一小节，时间不超过半小时，在这半小时里踏踏实实地把这一小节搞定了，就改学别的科目。时间一长，对差科的学习兴趣就会逐渐培养起来了。此外，还可以将差的科目夹在强的科目中学，时间同样不要太长，以避免枯燥无味地学习。

2. 做题从简单的入手。对于自己不擅长的科目，不要一上来就选那些太难的习题做。应该从简单一些的习题入手，牢牢掌握课本上最基础的知识，在确保自己对简单的题目已完全掌握后，再适当提高练习难度。

3. 找出差中之差。即使是对于差的学科，你也并不是所有问题都一无所知，有的问题还是略知一二的，真正拖累你的，往往是这个科目中某一点或两点。如果你能把这个差中之差找出来，来一个强化或突击性的训练，就可以在短时间里有一个较大的提高。到了那时候你会发现，原来你的差科并不那么差呀！

4. 自我摸底。在经过了一段时间的努力后，你觉得对差的科目仍然心里没底，不知学习效果如何，这时候你就可以找一份试卷来。像真正考试那样做一遍，做完后对着答案自己打分，这就像彩排一样，如果彩排的效果很好，正式演出也不会差。如果效果仍不理想，就要找出自己进步的地方，以增加自己的信心。

二、兴趣来自好奇心

怎么做才会让自己对不喜欢的科目产生兴趣，学好所有的科目呢？

其实很简单：兴趣都是从好奇中产生的。

我们都知道古希腊著名的哲学家柏拉图。他相信，有一个答案可以回答世界上所有的问题，而寻找这个答案的方法就是学习。

在西方，有很多研究宗教的学者，他们为了找到柏拉图所说的答案，进行了不懈的研究。他们找到的答案，自然就是寻找神的真理。他们努力地进行各种学习，希望能够找到神的真理。

于是，他们试图通过关于宇宙研究的"天文学"，通过明确的答案理解世界的"数学"，通过声音表达思想和传递感情的"音乐"，通过数理研究空间的"几何学"等，找到这个答案。

可是，为了表现出这样学习所获得的知识，还需要三个学科的学习。那就是为了批判而研究法则的"逻辑学"，研究语言规则的"语法"，以及通过讨论找到真理的"辩证法"。

整理出这七个科目以后，后来又经过不断的调整，就变成了我们现在在学校里学习的科目。因此可以说，学校教授所有科目都来源于一个学习内容。

宗教学者们本来是为了寻找神的真理，而到最后却成了了解这个世界到底是什么样，人们在怎样生活。

语文或英语是用文字和语言表达和传递这个世界的信息，物理和数学是通过说明让我们更容易了解世上的各种原理。

所有的学习内容都是为了让我们更了解我们生活的这个世界，所以，所有科目都是我们探索这个世界的手段。

不要忽略你的好奇心，世界上很多的大师之所以能够取得卓越的

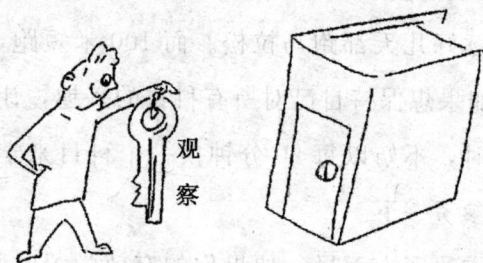

观察

成就，为人类做出巨大的贡献，最初都是从他们的好奇心开始，从不喜欢到喜欢开始的。

三、让大脑轮换学习

相信你也有过这样的体验，当你不间断地阅读一本很厚的书，然后再反过来检查自己阅读的效果时，你可能会准确地记住前10页左右的内容，而最后10页写了些什么自己却已经记不清楚甚至完全忘记了。

学习也是一样的，连续学习一个科目时间太长，知识就不再容易记住。一般来说，学习20分钟最好休息片刻，当然时间要根据自己的情况而定，也就是说当自己学习的内容再也不能进到脑子里的时候，最好就休息一下。

我们的大脑分为左脑和右脑。左脑擅长说、听和计算，它负责英语、数学、自然、政治等科目。右脑能欣赏音乐和图画，负责美术、音乐等科目。

在一些学生的学习计划中，一连几个小时学习一个科目。实际上，这是一种效果最差，很容易导致疲劳的学习方法。如果不给大脑休息的时间，或没有新鲜感，有时候连续学习几个小时，脑子里也不会留下什么东西。

就好像有人擅长跑马拉松，有人擅长短跑，但是，无论多么优秀的人，也不能连续好几天都跑马拉松。而 100 米短跑，连续跑上几次，速度也会下降。如果想保持自己对所有科目的兴趣，让自己对学习不感到厌倦，在学习时，不妨以每 20 分钟换一个科目来学。这是一个很好的办法，你可以参考一下。

有效的学习方法因人而异。如果你的有效学习时间短，不要失望，只要掌握了趣味学习方法，有效的时间就会逐渐变长。

学习时一定要让大脑适当休息。为了轮番使用左脑和右脑，不要长时间学习一个科目。很快你就会发现，学习会变得更加轻松和有趣。

第五节　在生活中爱上学习

所有的艺术作品均来源于生活，所有的学习也是从生活开始的，而我们所有的学习又都反过来为生活服务。可以说，学习与生活之间是血与肉的关系，谁也离不开谁。所以我们学习的时候千万不要忽略了生活这本活教材，它可以教给你很多课堂上学不到的东西。

一、课外读物伴学习

一本好书，可以引导你走向成功的彼岸。中学时代，读一些有关人生、理想、修养方面的书，可以给你提供丰富的营养，使你受益终生。

选择课外读物，应有针对性，要切合自己的实际情况。如自己某一方面知识贫乏，那么不妨找些这方面的精品书籍来读，这会使你学到课堂上学不到的东西，以弥补你知识的缺陷。有时，一本好书，可

以奠定你将来人生发展的方向。

　　选择课外书籍，还要注重趣味性。课外阅读的兴奋点基于浓烈的阅读兴趣，而兴趣的激发同书籍的趣味性紧紧地联系在一起。书籍无趣味，读书无味道，显然不愿读，结果也读不好。

　　课外读物纷繁浩瀚，上至天文、下至地理，数理化、文史哲无所不包，就中学生的阅读特点，无非可分为三类：一是有利于巩固、扩充知识，进一步形成良好学习习惯的读物；二是有利于开阔眼界，增长各方面知识和才学的读物；三是有助于松弛生活节奏，调节情趣的读物。

　　愿你能够找到适合你阅读的课外读物，丰富你的生活，增长你的见识。

二、网络活动促学习

20世纪90年代初曾有一则寓言，说是随着计算机技术的普及，将来传统的阅读方式将逐步消失，将来读书读报时都运用计算机，只有对翻书有瘾的人才看纸质的书。

这则寓言现在正逐渐变为现实，一种新的阅读方式正在进行，通过互联网看新闻、聊天、读书……信息技术正以前所未有的速度和规模改变着我们的生活。互联网使阅读普及有了一种前所未有的可能性，从某种意义上说，这也是一种"阅读的革命"。

古人曾以"书中自有黄金屋"这样的语句表达了书本所承载的知识对人们产生的影响。如今，互联网为人们方便地读书提供了一个前所未有的条件。互联网无处不在，读书也可以无处不在。在上网成为青少年的一种习惯的今天，能不能使上网读书成为一种习惯，进而提升自己各方面的素质？这需要我们中学生自己练就一双慧眼，在网络生活中选择好的有意义的活动。

但互联网在给我们提供方便的同时，一些不健康的、对我们中学生成长非常有害的东西也乘虚而入，致使一些中学生因为整天沉迷于网络而荒废了学业，这也是一个非常惨痛的教训。所以，作为中学生，上网读书时一定要学会抵制一些对自己身心健康有害的东西。

三、学习不分地点

在大街上看到英语广告牌就可以学习英语，在电视上看到历史剧就可以学习历史。看漫画书、看电影时，也可以学到很多新知识。

通过报纸上的生字和生词，可以复习语文课上学过的内容。看到路边花坛里的鲜花，也可以联想到在课堂上学过的各种知识。

学习，并不是一定要拿着书、摇头晃脑地背诵，我们身边到处有值得学习的东西。

第一次听到的词语，只要查查字典，或者问一下别人，你立刻就明白那是什么意思了。在接触一种新的语言时，我们都应该像牙牙学语的孩子一样虚心地学习。

不管碰到什么，都多看、多想、多问，甚至不管把什么放进嘴里，都可以想一下如果用英语应该怎么说。

不仅是英语，无论要学好什么，都要有这种精神。并善于指挥我们的大脑。只要是碰上对我们学习有用的东西，就要吸收。

在这个世界上，我们不了解的东西太多太多，我们应该永远保持一个无知孩子的好奇，不断地学习。

有时，大街上的英语广告牌、电视里的历史剧、还有博物馆里的介绍，都比课本知识更容易掌握。

自己主动获取的知识，比在学校里老师讲授的知识更容易理解。如果能像蜜蜂采蜜一样，到处汲取知识，日积月累，你的头脑会越来越充实。

你身边可能常会有这样的同学：问他什么，他都知道，就像个万事通。他们大多都有强烈的好奇心。这些万事通，往往成绩都很好，因为他们喜欢问问题，因而也容易记住答案。

从生活中获得的知识，也许比在学校里获得的知识更多，而且这些知识的弹性很强，也就是说，它们的应用范围很宽。